Ausgewählt von Christian Teubner

Vegetarisch

Die 100 besten
Rezepte aus aller Welt

Ausgewählt von Christian Teubner

Vegetarisch

Die 100 besten
Rezepte aus aller Welt

Weltbild

Inhalt

FÜR 4 PORTIONEN!
Wenn nicht anders angegeben, sind die Rezepte grundsätzlich für 4 Portionen berechnet.

Vegetarisch essen heißt genießen

War früher die Entscheidung, sich nicht von toten Tieren zu ernähren, meist eine reine Weltanschauungsfrage, hat die vegetarische Küche inzwischen doch einen ganz anderen Stellenwert. In weiten Kreisen der Bevölkerung wird sie immer beliebter, weniger aus religiösen oder ethischen Gründen, sondern aus Sorge um die eigene Gesundheit, aber auch aufgrund der kulinarischen Abwechslung, die sie bietet. Viele haben mittlerweile das schweinerne Einerlei satt und bevorzugen statt dessen bunte Gemüse- oder Vollwertgerichte. Auch die Spitzengastronomie ist in den letzten Jahren diesem Trend, hin zu einer leichten und gesunden Kost, gefolgt und bietet auf ihren Speisekarten mehr und mehr aus den Gemüsegärten der Welt.

Keiner Weltanschauung oder Ideologie verpflichtet sieht sich das vorliegende Buch, das mit seiner Sammlung von Rezepten rund um die Welt die vegetarischen Gaumenfreuden anderer Nationen vorstellt und dessen Hauptanliegen es ist, zu zeigen, daß vegetarische Küche nichts mit langweiliger Diätkost zu tun hat, sondern sehr gut schmecken kann. Die positive Einstellung gegenüber vegetarischer Ernährung hat nicht zuletzt ihren Grund in einer neuen Philosophie. Wurde früher noch krampfhaft versucht, das fehlende Schnitzel auf dem Teller durch Pseudoprodukte zu ersetzen, lehnt die moderne vegetarische Küche dies gänzlich ab: Keine Tofu-Burger mehr statt Bouletten und keine Tofu-Wurst statt Schinken. Von solchen Irrwegen ist man inzwi-

schen weit entfernt, denn nicht mehr Verzicht, sondern Genuß steht im Vordergrund der neuen vegetarischen Küche. Es geht ihr nicht mehr darum, ein geschmackliches »Als-ob« zu erreichen, sondern sie versucht ganz gezielt, den Eigengeschmack einzelner Zutaten in den Vordergrund zu stellen und kann so durchaus auch Gourmet-Ansprüchen gerecht werden.

Aus diesem Grund verwendet die vegetarische Küche nur absolut hochwertige Lebensmittel. Obst und Gemüse sind marktfrisch, die Öle auf rein pflanzlicher Basis hochwertig. Aromatische Kräuter, Vollwertgetreide, Nüsse und Samen sowie Milchprodukte und Eier ergänzen die Palette. Nicht umsonst heißt das erste Prinzip der vegetarischen Küche Frische, denn nur wirklich frisches Gemüse bringt genügend Geschmack mit und enthält die gewünschten Vitamine. Die Grundregel: »Nur wer gut einkauft, kann auch gut kochen«, gilt also für die vegetarische Küche in ganz besonderem Maße.

mus sehr gut verwertbares Eiweiß, doch auch in Hülsenfrüchten, Nüssen, Samen sowie im Getreide steckt davon genügend. Zudem sind Kombinationen von pflanzlichem und tierischem Eiweiß hochwertiger als reines Fleischeiweiß. Pflanzliche Kost enthält außerdem eine Fülle bioaktiver Wirkstoffe, die für das körperliche und geistige Wohlergehen sorgen. Enzyme und Mikroorganismen regulieren den Blutdruck, bekämpfen Bakterien und Viren, verhindern Blutgerinsel, fördern die Verdauung, hemmen Entzündungen und senken den Cholesterinspiegel.

VEGETARISCHES RUND UM DEN GLOBUS

Ihren Aufschwung verdankt die vegetarische Küche nicht zuletzt den kulinarischen Einflüssen aus aller Herren Länder. So haben viele Gemüsezubereitungen, etwa schmackhafte Aufläufe, leichte Gemüseterrinen oder delikate Eintopfgerichte, ihren Ursprung in den Küchen der Länder rund ums Mittelmeer. Auch die asiatischen Küchen überraschen mit ihrer großen Zahl an köstlichen vegetarischen Gerichten. Dabei hat jedes Land seine eigene Kochtradition: Die Chinesen lieben das vitaminschonende Pfannenrühren im Wok, wobei das Gemüse aufgrund der kurzen Garzeiten schön knackig bleibt. In Indien hingegen versteht man sich trefflich auf die Zubereitung von exotischen Currygerichten, die in einer sämigen Sauce mit allerhand Gewürzen langsam vor sich hin köcheln. Hinzu kommt eine breite Palette fleischloser Gerichten aus den USA, wo sich die vegetarische Küche ganz international gibt. Die Aufwertung der Vollwertkost führte zu einer Wiederentdeckung verschiedener, halb in Vergessenheit geratener Getreidesorten, die unerwartet phantasievoll zum Einsatz kommen. So werden beispielsweise Quinoa aus Südamerika oder Hirse nach bester italienischer Risotto-Manier gekocht – mit umwerfendem Ergebnis. Da sich das Angebot an Gemüsen, Hülsenfrüchten und Getreidesorten aus aller Welt in den letzten Jahren auch hierzulande enorm ausgeweitet hat, dürfte der Einkauf der jeweils benötigten Produkte keine allzu großen Probleme bereiten. Und auch was die Gewürze anbelangt, ist die Auswahl inzwischen erheblich größer geworden. Gerade hier lohnt sich die Mühe, nach Ausgefallenem zu suchen, denn sie sind es, die vielen fremdländischen Gerichten ihren unverwechselbaren Geschmack geben.

VEGETARISCH DER GESUNDHEIT ZULIEBE

Daß vegetarische Ernährungsweise gesund sein muß, scheint bereits aus dem Wort selbst hervorzugehen, denn »vegetarisch« kommt vom römischen »vegetus« was soviel bedeutet wie rüstig, munter oder voller Lebenskraft. Doch auch von ernährungswissenschaftlicher Seite her besteht kein Zweifel mehr daran, daß Vegetarier gesünder leben als Fleischesser, insbesondere die Ovo-Lacto-Vegetarier, an die sich dieses Buch – neben denjenigen, die nicht ganz so konsequent sind, aber doch immer häufiger auf Fleisch verzichten – vor allem richtet. Verschiedene, in den letzten Jahren durchgeführte Untersuchungen haben bestätigt, daß Vegetarier seltener Opfer von Zivilisationsleiden wie Herz-Kreislauf-Erkrankungen oder Krebs werden. Sie leiden weniger an Übergewicht und erfreuen sich ganz allgemein einer besseren körperlichen Verfassung. Ein Irrtum wäre es aber, zu glauben, daß fleischlose Kost grundsätzlich gesund sei. Wichtig ist vielmehr eine ausgewogene Ernährung, die eine ausreichende Versorgung mit Eiweiß, Vitaminen und Mineralstoffen gewährleistet. Ovo-Lacto-Vegetarier haben hier im Gegensatz zu den Veganern, die jegliches tierische Eiweiß ablehnen, nichts zu befürchten, da sie zwar auf Fleisch, Wurst und Fisch verzichten, nicht aber auf die wichtigen Eiweißlieferanten Eier und Milchprodukte. Zwar enthält Fleisch besonders viel und vom Organis-

Gemüsefond

GRUNDLAGE DER FEINEN VEGETARISCHEN KÜCHE

In der vegetarischen Küche steht der Gemüsefond an der Stelle von Fleisch- oder Geflügelbrühe. Zwar nicht so kraftvoll und extraktreich wie diese, dafür aber besonders bekömmlich: Der leichte, aromatische Gemüsefond ist die Basis für viele vegetarische Saucen, Risotti oder Eintöpfe. Zu seiner Herstellung muß man sich nicht unbedingt an die nebenstehenden Zutaten halten, sondern kann fast jede Gemüsesorte verwenden. Durch Zugabe von Möhren und Tomaten erhält der Fond eine angenehm goldgelbe Farbe. Zuviel Kohl in der Gemüsemischung ist allerdings nicht ratsam und auch beim Sellerie sollte man sparsam dosieren, da beide sonst unerwünscht hervorschmecken. Spargel- und Pilzabfälle können dagegen ohne Bedenken zugegeben werden, sie steigern das Aroma. Und gebräunte Zwiebelhälften bringen noch zusätzliche Farbe und Geschmack. Dazu legt man sie ganz einfach mit der Schnittfläche nach unten auf die Herdplatte oder brät sie in einer heißen Pfanne ohne Fett. Mit Salz sollte man bei der Zubereitung solcher Fonds sehr sparsam umgehen, da sie bei ihrer Weiterverarbeitung oft noch reduziert werden.

100 g Brokkolistiele, 250 g Lauch, 300 g Möhren
200 g Stangensellerie, 150 g Zucchini, 20 g Butter
2 Gemüsezwiebeln, geschält, in groben Ringen
1/4 l Weißwein, 3 l Wasser
1/2 gebräunte Zwiebel
je 1 Thymian- und Rosmarinzweig
1 Lorbeerblatt, 1/2 Knoblauchzehe, 1 Nelke

Das Gemüse waschen, kleinschneiden und den Fond zubereiten, wie gezeigt.

Gemüsefond zubereiten:

Die Butter in einem entsprechend großen Topf zerlassen und die Zwiebelringe darin hell anschwitzen.

Das vorbereitete Gemüse zugeben und kurz mitschwitzen. Mit dem Weißwein ablöschen und das Wasser aufgießen.

Die gebräunte Zwiebel und die Gewürze zugeben. Alles gut miteinander vermischen. Bei mittlerer Temperatur aufkochen.

Den Fond 30 bis 40 Minuten köcheln lassen, dabei den aufsteigenden Schaum mehrmals mit einem Löffel abschöpfen.

Den Gemüsefond durch ein sauberes Tuch in einen Topf passieren, erneut erhitzen und auf etwa 1,5 l reduzieren.

Gemüse, Hülsenfrüchte und Sprossen richtig vorbereiten

SCHNEIDEN, EINWEICHEN UND KEIMEN LASSEN.

Sehr hilfreich beim Schneiden von Gemüse ist ein gutes, sehr scharfes Messer. Die Größe der einzelnen Würfel richtet sich dabei ganz nach der späteren Verwendung. Als Grundregel gilt, je kleiner, desto größer der Arbeitsaufwand, aber desto kürzer auch die Garzeit. Besonders wichtig ist die richtige Fingerhaltung: Fingerspitzen senkrecht nach unten und leicht nach innen geknickt, so ist die Verletzungsgefahr am geringsten. Hülsenfrüchte garen schneller, wenn sie zuvor eingeweicht werden und sind so auch bekömmlicher. An der Wasseroberfläche schwimmende Exemplare aussortieren, sie könnten von Schädlingen befallen sein. Sprossen sind deshalb so gesund, weil sich beim Auskeimen der Samen ihr Gehalt an Vitaminen in kürzester Zeit vervielfacht. Keimgeräte gibt es ganz unterschiedliche, doch ist die Funktion immer dieselbe: Sie versorgen die Samen mit ausreichend Feuchtigkeit, vermeiden jedoch Staunässe. Am einfachsten und zudem sehr preiswert ist die rechts gezeigte Methode, das Keimen im Einmachglas.

Möhren schneiden:

Die Möhren schälen. In etwa 5 cm lange Stücke und dann der Länge nach in sehr feine Scheiben schneiden.

Die Scheiben wieder paßgenau aufeinanderlegen und der Länge nach in ebenso feine Streifen schneiden.

Die Streifen aufschichten und quer in Würfel teilen. Je dünner anfangs die Scheiben, desto feiner später die Würfel.

Hülsenfrüchte einweichen:

Bohnen in einer Schüssel mit Wasser bedecken. Die an der Oberfläche schwimmenden Exemplare aussortieren.

Nach 8 bis 12 Stunden die Hülsenfrüchte abgießen. Das Einweichwasser wegschütten, es enthält blähende, unverdauliche Stoffe.

Die Hülsenfrüchte gründlich mit frischem Wasser abspülen. Sie sind kochfertig, wenn sich ihr Volumen verdoppelt bis verdreifacht hat.

Keimen im Einmachglas: Kichererbsen oder andere Samen in einem Einmachglas mit lauwarmem Wasser bedecken, mit einem Mulltuch zubinden und einige Stunden stehen lassen. Durch das Tuch abgießen. Das Mulltuch entfernen, die Bohnen gut durchspülen, mit frischem Wasser bedecken, wieder zubinden und 10 Minuten stehen lassen. Erneut abgießen. Kopfüber schräg stellen, damit sie gut abtropfen können. In 3 bis 5 Tagen sind die Sprossen fertig. Dabei zweimal täglich wässern, das heißt, abspülen, kurz im Wasser stehen und erneut gut abtropfen lassen.

Zwiebeln schneiden:

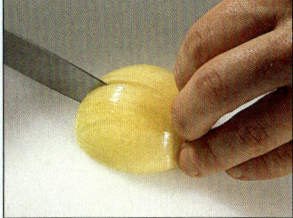

Die Zwiebel längs halbieren. Die Schnittfläche auflegen. In kurzen Abständen senkrecht bis knapp vor der Wurzel einschneiden.

Parallel zur Arbeitsfläche bis kurz vor der Wurzel einschneiden. Darauf achten, daß die Zwiebel noch zusammenhält.

Dünne Scheiben abschneiden, dabei zerfallen diese in Würfel. Die Stärke der ursprünglichen Scheiben gibt die Würfelgröße vor.

▲ **Zahlreiche Würz-saucen** auf Sojabasis finden in den Küchen Asiens Verwendung. Es gibt helle und dunkle Sojasaucen, wobei der Unterschied weniger in der Farbe als im Geschmack liegt. Helle Sojasauce ist milder, die dunkle hat ein würzigeres Aroma. Shiitake-Pilze geben der vegetarischen Austernsauce ihre besondere Note. Im Vordergrund abgebildet ist Mirin, ein Reisweinprodukt.

Pikant bis exotisch

IN DER VEGETARISCHEN KÜCHE HABEN GEWÜRZE UND KRÄUTER IHREN GROSSEN AUFTRITT.

Da die vegetarische Küche ganz ohne diverse Geschmacksgeber wie Fisch, Fleisch oder Meeresfrüchte auskommt, spielt die richtige Würzung gerade hier eine wichtige Rolle. Frische und getrocknete Kräuter sowie Pilze kommen dabei neben einer Vielzahl an Gewürzen zum Einsatz. Jedes Land hat seine eigenen Würztraditionen und vor allem die asiatischen Küchen überraschen hier immer wieder mit ihren Kreationen. So kennt etwa die indische Küche unendlich viele, köstliche Currygerichte, die mit dem hierzulande bekannten handelsüblichen Currypulver allerdings wenig gemein haben. Ein Curry bezeichnet vielmehr ein Gericht, gekocht in einer speziellen Würzsauce, zu dem meist Reis als Beilage gereicht wird. Tatsächlich erfordern viele Curries ihre eigene, speziell zusammengestellte Gewürzmischung – sogenannte Masalas – wobei die Gewürze in der Regel zuerst geröstet oder gebraten werden, bis sie ihr volles Aroma entfalten. Einen kleinen Überblick über die wichtigsten Gewürze der vegetarischen Küche weltweit gibt die nebenstehende Liste. Und wer sich einmal näher mit Gewürzen und ihren speziellen Aromen befaßt hat, kann sie sehr kreativ in der eigenen Küche einsetzen.

◄ **In den indischen Regionalküchen** spielen vor allem Gewürzmischungen eine große Rolle. Von hinten nach vorn: Fertige Currymischung für Gemüse. Im Mörser: Garam Masala, neben anderen Gewürzen eine häufig verwendete Grundmischung für Currygerichte aus Zimt, Nelken, Schwarzem Pfeffer und etwas Kreuzkümmel und Koriander. Im Vordergrund Panch Foron, die indische Fünf-Gewürz-Mischung.

1) Wacholderbeeren, würzig, von bitter-harzigem Aroma, für Eintopf- oder Krautgerichte. **2) Piment (Neugewürz).** Vor der Reife gepflückte, getrocknete Beeren des Nelkenpfefferbaums. Schmeckt nach Nelken, Zimt und Muskat, für Curries und die Weihnachtsbäckerei. **3) Ingwer, getrocknet** oder frisch – unentbehrlich in Asiens Küchen. **4) Koriandergrün (Cilantro),** in Mexiko und Asien sehr beliebt. Sein eigenwilliges Aroma ist aber nicht jedermanns Sache. **5) Paprikapulver, edelsüß** – stark färbend und mäßig scharf. **6) Chilischoten** gibt vielem erst die richtige Schärfe. **7) Schwarzkümmel.** Die Samen des Hahnenfußgewächses schmecken pfefferähnlich scharf. **8) Safranfäden** werden aus den Blütennarben des Safrankrokus gewonnen. **9) Galgant, getrocknet.** Würzig, ingwerähnlich im Geschmack. **10) Zitronengras.** In ganz Südostasien ein wichtiges Gewürz für Saucen, Gemüse und Curries. **11) Bockshornkleesamen** entwickeln den gewünschten Geschmack erst beim Kochen, roh riechen sie etwas eigenartig. **12) Koriander** – die reifen Spaltfrüchte schmek-

ken im Gegensatz zum Grün angenehm mild. **13) Kreuzkümmel (Cumin)** ähnelt dem Wiesenkümmel, ist aber schärfer und duftet nach Kampfer. **14) Schwarzer Kreuzkümmel** – aromatischer als der helle. **15) Kümmel** ist vermutlich das älteste in Europa bekannte Gewürz.
16) Kurkuma – auch Gelbwurz genannt – wird aus dem Wurzelstock der Kurkumapflanze gewonnen, färbt vor allem Curries gelb. **17) Kurkuma, getrocknet.** Gehört zur Familie der Ingwergewächse. **18) Kardamom** würzt Backwaren und Lebkuchen, in Indien wichtiger Bestandteil von Currymischungen. **19) Kardamomkapseln, hell.** Kurz vor der Reife geerntet, getrocknet und gebleicht. **20) Kardamomkapseln, dunkel.** Ungebleichte Kapseln. **21) Senfkörner, gelb.** Die Samen schmecken rettichartig scharf. **22) Senfkörner, schwarz** sind kleiner und schärfer als gelbe. **23) Pfeffer, schwarz.** Keine Körner, sondern die Beeren des Pfefferstrauchs, je nach Reifegrad grün, gelb oder rot. **24) Pfeffer, weiß.** Hergestellt aus fast reifem, gewässertem rotem Pfeffer, von dem die Fruchthaut abgezogen

wird. Milder als der Schwarze. **25) Szechuanpfeffer,** sehr scharf. **26) Pfeffer rot** reife Beeren. **27) Pfeffer, grün** – in einem Spezialverfahren getrocknete grüne Beeren, sehr aromatisch. **28) Cassia vera** – zimtähnlich im Aroma. Die Rinde des aus Indonesien oder China stammenden Kassiabaumes ist dicker als diejenige des Baumes, der den **29) Ceylon Zimt** liefert, die feinste Zimtrinde der Welt. **30) Muskatblüten** – nicht die Blüte, sondern der getrocknete Samenmantel des Muskatnußbaums. Angenehm würzig. **31) Muskatnüsse** sind die Samenkerne desselben. **32) Sesam, geschält.** Die ölhaltigen Samen gehören zu den ältesten Kulturpflanzen der Welt. **33) Onionseeds** – Zwiebelsamen – werden vornehmlich für Curries verwendet. **34) Fenchelsamen** – würzig-süß, erinnern im Geschmack an Anis. **35) Anissamen,** ein weltweit beliebtes Gewürz. **36) Mohnsamen** entwickeln ihren nußähnlichen Geschmack erst beim Backen oder Kochen. **37) Ajwan,** im Orient sehr beliebt. Hierzulande sind die nach Thymian schmeckenden Samen etwas in Vergessenheit geraten.

Gebackene Auberginen mit Tomatensauce

INTERESSANT IM GESCHMACK: MILDE AUBERGINEN UMHÜLLT VON KNUSPRIG-WÜRZIGER PANADE.

Solche Zubereitungen, die dem weichen, relativ neutral schmeckenden Auberginenfleisch eine schön knusprige Struktur geben, kennt man in ganz Südeuropa. Hier ist es die Mischung aus Semmelbröseln und pikantem Reibkäse, etwa einem Queijo Serra de Estrêla, die der Panade ihre besondere Konsistenz verleiht. Am besten eignet sich dafür ein gut gereifter Käse mit einem Schaf- oder Ziegenmilchanteil, weil dieser den meisten Geschmack mitbringt.

Von mild bis pikant: Portugiesischer Käse. Links oben ein Monte Verde aus dem Norden, oben rechts ein Queijo casteloes, links unten ein Alvorca und, ganz im Vordergrund, der pikante, 10 bis 12 Monate gereifte Queijo Serra de Estrêla, aus Schaf- milch hergestellt.

| 1 kg Auberginen, 2 TL Salz, 80 g Mehl, 2 Eier |
| 150 g Semmelbrösel, 100 g frisch geriebener Käse |
| **Für die Tomatensauce:** |
| 600 g Tomaten, 30 g Zwiebel, 2 Knoblauchzehen |
| 1 kleine rote Chilischote, 3 EL Olivenöl |
| 2 TL Tomatenmark, Salz, frisch gemahlener Pfeffer |
| **Außerdem:** |
| 1/8 l Pflanzenöl zum Ausbacken |
| kleine Basilikumblättchen zum Garnieren |

1. Die Auberginen waschen, Stielansatz entfernen und der Länge nach in 1 cm dicke Scheiben schneiden. Mit etwas Salz bestreuen und 10 Minuten ziehen lassen.

2. Die Tomaten waschen, Stielansatz entfernen und grob würfeln. Zwiebel und Knoblauch schälen und fein hacken. Die Chilischote halbieren, Samen und Scheidewände entfernen und das Fruchtfleisch in dünne Streifen schneiden.

3. In einer Kasserolle das Öl erhitzen und Zwiebel und Knoblauch darin glasig anschwitzen. Tomaten, Chilistreifen und Tomatenmark zufügen, salzen, pfeffern und alles im geschlossenen Topf bei niedriger Hitze in etwa 30 Minuten weich köcheln lassen. Durch ein Sieb passieren und abschmecken.

4. Semmelbrösel und geriebenen Käse in einer flachen Schüssel gut miteinander vermischen. Die Auberginenscheiben mit Küchenpapier sorgfältig trockentupfen. Zuerst in Mehl, dann in den ver- quirlten Eiern und zum Schluß in der Brösel- Mischung wenden.

5. Das Öl in einer Pfanne erhitzen, die panierten Auberginenscheiben darin bei mäßiger Hitze von jeder Seite etwa 3 Minuten goldbraun ausbacken. Herausnehmen, auf Küchenpapier abtropfen las- sen, mit der Tomatensauce anrichten und mit Basilikumblättchen garnieren. Dazu paßt ein Blattsalat mit einer Kräutervinaigrette.

Fruchtig-pikant im Geschmack ist die Sauce aus frischen Tomaten und bildet so einen guten Kontrast zu den gebackenen Auberginen.

Kartoffelpfanne mit Gemüse und Eiern

DIE VEGETARISCHE VARIANTE DER IN SPANIEN SO BELIEBTEN HUEVOS A LA FLAMENCA.

Ebenso einfach wie wirkungsvoll ist die Methode, den Geschmack des Gemüses deutlich zu intensivieren: Es wird – bis auf die Kartoffeln und die Erbsen, die vorgekocht werden müssen – kurz in Olivenöl angedünstet, ehe es mit den Eiern zum Garen in den Ofen kommt.

500 g festkochende kleine Kartoffeln
350 g rote Spitzpaprika
350 g grüne Spitzpaprika
450 g Tomaten, 200 g Möhren
100 g Zwiebeln, 2 Knoblauchzehen
1 kleine Roja (spanische Kirschpaprika)
300 g Erbsenschoten (ausgepalt etwa 150 g)
4 EL Olivenöl
Salz, frisch gemahlener Pfeffer, 4 Eier
Außerdem:
1 EL gehackte Petersilie
grobzerstoßener schwarzer Pfeffer

Die Eier sollen kleine Inseln im Gemüsebett bilden. Damit sie nicht verlaufen, schlägt man sie einzeln in eine kleine Schüssel auf, ehe man sie auf das Gemüse setzt.

Frisch vom Bauernhof, möglichst von Hühnern aus Freilandhaltung, schmecken die Eier am besten. In der vegetarischen Küche sind sie zudem wichtiger Eiweißlieferant.

1. Die Kartoffeln waschen und 20 Minuten kochen. Etwas abkühlen lassen, pellen und in 5 mm dicke Scheiben schneiden.

2. Die Paprikaschoten bei 220 °C im vorgeheizten Ofen backen, bis die Haut »Blasen wirft«. In eine Plastiktüte legen und »schwitzen« lassen, dann die Haut von oben nach unten abziehen. Die Paprikaschoten halbieren, von Samen und Scheidewänden befreien und das Fruchtfleisch in 5 mm große Würfel schneiden.

3. Tomaten blanchieren, häuten, von Stielansatz und Samen befreien und würfeln. Möhren schälen und sehr fein würfeln. Zwiebeln und Knoblauch schälen und fein hacken. Roja halbieren, Samen und Scheidewände entfernen und das Fruchtfleisch fein hacken. Die Erbsen aus den Schoten palen und 3 Minuten in kochendem Salzwasser blanchieren, kalt abschrecken.

4. Das Öl in einer entsprechend großen Pfanne erhitzen. Zwiebel- und Knoblauchwürfelchen zugeben und hell anschwitzen. Möhrenwürfel unter Rühren 5 Minuten mitschwitzen. Paprikaschoten, Tomaten und Roja unterrühren und weitere 3 Minuten dünsten. Kartoffelscheiben und Erbsen untermischen. Salzen und pfeffern.

5. In das Gemüse 4 kleine Mulden drücken und jeweils 1 aufgeschlagenes Ei hineingleiten lassen. Im vorgeheizten Ofen bei 200 °C etwa 15 Minuten backen. Mit der Petersilie und dem geschroteten Pfeffer bestreuen und servieren.

Gemischtes Gemüse

»AL HORNO« – OFENGERICHTE BESCHRÄNKEN SICH IN SPANIEN NICHT ALLEIN AUF BROT UND BRATEN.

In Andalusien, der südlichsten spanischen Provinz, mischt sich die lokale Küche mit der nordafrikanischen. Beide basieren auf ehrlichen, beinahe puristischen Zutaten, deren einziges Geheimnis ihre Frische ist. In den Dörfern jenseits des Küstentourismus begünstigt das heiße Klima reiche Gemüseernten und eine üppige Kräuterpalette. Dieses Rezept wagt allerdings eine Anleihe in Nordspanien, wo man wiederum den provenzalischen Nachbarn ihre Tapenaden, die im französischen Original mit Sardellen zubereitet werden, abgeguckt hat. Das grenzüberschreitende Ergebnis ist geschmacklich umwerfend!

450 g kleine, festkochende Kartoffeln
150 g Schalotten, geschält, 300 g rote Paprikaschoten
je 400 g Auberginen und Zucchini
3 rote Peperoni, 4 Knoblauchzehen, geschält
2 Thymianzweige, 6 kleine Fleischtomaten
Für die grüne Tapenade:
150 g grüne Oliven, entsteint
20 g Kapern in Salz, 2 Knoblauchzehen, geschält
1 TL Dijon-Senf, 3 EL Olivenöl
frisch gemahlener weißer Pfeffer
1 Spritzer Zitronensaft, Salz nach Bedarf

Der Gemüseplatte ist es einerlei, ob sie »nur« als Beigericht gereicht wird. In Begleitung einer würzigen Tapenade und frischen Bauernbrots spielt sie im Handumdrehen auch gern mal die Rolle des Hauptgangs.

Olivenernte in Andalusien ist eine kräftezehrende Arbeit unter brennender Sonne. Bei den Landarbeitern haben einfache, aber pikante Mahlzeiten, die ohne teures Fleisch auskommen, eine lange Tradition.

Für die Vinaigrette:
4 EL Olivenöl, Saft von 1 Zitrone
Außerdem:
4 EL Olivenöl
Salz, frisch gemahlener schwarzer Pfeffer

1. Die Kartoffeln gründlich waschen und ungeschält halbieren. Die Schalotten halbieren. Von den Paprikaschoten Samen und Scheidewände entfernen und das Fruchtfleisch grob würfeln. Die Auberginen und Zucchini waschen, den Blüten- und Stielansatz entfernen. Das Fruchtfleisch der Länge nach halbieren und in 1,5 cm große Stücke schneiden. Von den Peperoni den Stielansatz entfernen und das Fruchtfleisch im ganzen belassen.

2. In einen schweren Bräter 4 EL Olivenöl geben. Die Kartoffeln mit der Schnittfläche nach unten nebeneinander hineinlegen und bei 180 °C im vorgeheizten Ofen etwa 10 Minuten garen. Dann Schalotten und Knoblauch auf den Kartoffeln verteilen. Weitere 20 Minuten im Ofen garen.

3. Den Bräter aus dem Ofen nehmen, die vorbereiteten Gemüsestücke und die Peperoni zu den Kartoffeln in den Bräter geben, die Thymianzweige auflegen und weitere 10 Minuten garen. Inzwischen die Tomaten waschen, halbieren, den Stielansatz entfernen, ebenfalls in den Bräter geben und vorsichtig unter das Auberginen-Zucchini-Gemüse heben.

4. Für die Tapenade die Oliven klein schneiden. Die Kapern in ein Sieb geben und das Salz gut abschütteln. Alle Zutaten zusammen mit dem Dijon-Senf pürieren, dabei nach und nach das Öl zufügen. Pfeffern und nach Bedarf mit etwas Zitronensaft und Salz abschmecken.

5. Nach insgesamt 45 Minuten Garzeit den Bräter aus dem Ofen nehmen. Für die Vinaigrette das Olivenöl mit dem Zitronensaft mischen (dafür den Zitronensaft tropfenweise unter das Öl mixen, damit eine schöne Emulsion entsteht). Das Gemüse auf einer Platte anrichten und mit der Vinaigrette beträufeln. Mit Salz und Pfeffer kräftig würzen. Die Tapenade dazureichen.

Gratinierte Zucchini

»CALABACINES AL HORNO« – EIN GEMÜSEAUFLAUF AUS SPANIENS KÜCHEN, ÜBERBACKEN MIT REICHLICH KÄSE.

In Spanien kommen außer dem Gemüse meist noch einige Schinkenwürfel oder ein paar Scheiben der scharfen Paprikawürstchen mit in die Form, doch ist die vegetarische Variante geschmacklich nicht weniger interessant. Wer das ganze etwas schärfer liebt, kann eine kleine, feingewürfelte Chilischote – unbedingt Samen und Scheidewände vorher entfernen, sonst wird's zu scharf – unter die Tomaten mischen.

150 g Zwiebeln
2 Knoblauchzehen
100 g Möhren
750 g Tomaten
6 EL Olivenöl
Salz, frisch gemahlener weißer Pfeffer

1 TL getrockneter Thymian
2 TL edelsüßes Paprikapulver
900 g Zucchini
30 g Mehl
100 g frisch geriebener Käse (Manchego)
Außerdem:
Öl zum Ausfetten der Form

1. Zwiebeln schälen und fein würfeln. Knoblauchzehen schälen und sehr fein hacken. Die Möhren putzen und möglichst klein würfeln. Die Tomaten blanchieren, häuten, Stielansatz und Samen entfernen und das Fruchtfleisch würfeln.

2. In einer Pfanne 3 EL Olivenöl erhitzen und die Zwiebel- und Knoblauchwürfel darin hell anschwitzen. Die Möhren zugeben, 3 bis 4 Minuten mitschwitzen, dann die Tomatenwürfel zugeben. Mit Salz, Pfeffer, getrocknetem Thymian und Paprikapulver würzen und bei mittlerer Hitze 10 bis 12 Minuten schmoren.

3. Die gewaschenen Zucchini von Blüten- und Stielansatz befreien, in 1,5 cm große Würfel schneiden, salzen und in Mehl wenden. In einer separaten Pfanne das restliche Öl erhitzen und die Zucchiniwürfel unter ständigem Rühren darin hellbraun braten.

4. Eine entsprechend große Auflaufform mit Öl ausfetten, eine Schicht Zucchini einfüllen, darauf die Hälfte der Tomatenmischung geben. Mit den übrigen Zucchiniwürfeln bedecken, zum Schluß den Rest der Tomatenmischung darüber verteilen. Mit geriebenem Käse bestreuen und bei 200 °C im vorgeheizten Ofen 15 bis 20 Minuten gratinieren.

5. Die Form aus dem Ofen nehmen und den Zucchiniauflauf mit einem Stück knusprigen Weißbrots servieren – und außer diesem bedarf das Gericht auch keiner weiteren Beilage.

Der richtige Käse trägt viel zum Gesamtaroma bei. Und hier hat Spanien eine große Auswahl zu bieten: Mild schmeckt ein Kuhmilchkäse. Einer aus Schafmilch dagegen, wie der hier verwendete Manchego, der inzwischen auch bei uns an den meisten Käsetheken zu finden ist, sorgt für eine pikantere Note.

Auf offenem Feuer
nach traditioneller Art
zubereitet, schmeckt
eine Paella besonders
fein. Doch gehört eine
Menge Fingerspitzen-
gefühl dazu, um den
Reis gar zu kochen,
aber nicht anbrennen
zu lassen.

Paella de verduras

DIE BERÜHMTE SPANISCHE REISPFANNE EINMAL GANZ VEGETARISCH.

Je nach Jahreszeit wechselt die Paella ihr Gesicht,
so pur vegetarisch wie hier ist sie allerdings selten. Doch das folgende Rezept beweist, daß es
auch einmal ganz ohne Hähnchenschenkel,
Schinken oder die scharfen Chorizos geht. Auch
auf Meeresfrüchte, wie sie zur Paella valenciana
gehören, kann man getrost verzichten.

400 g spanischer Reis (La Paella)
6 EL Olivenöl, 800 ml Gemüsefond
1 Lorbeerblatt, 1 g Safranfäden
je 250 g rote und grüne Paprikaschoten
400 g Tomaten
100 g Zwiebeln, 5 Knoblauchzehen
200 g grüne Bohnen, 150 g Lauch, 150 g Möhren
1 EL edelsüßes Paprikapulver
Salz, frisch gemahlener Pfeffer
100 g schwarze Oliven
Außerdem:
Gemüsefond nach Bedarf

Ganz authentisch
ist die Paella mit origi-
nal spanischem Reis,
wie er in der Gegend
von Valencia oder im
Ebrodelta angebaut
wird. Ist dieser nicht zu
haben, bietet der
italienische Vialone
einen guten Ersatz.

Safran – ursprüng-
lich ein arabisches Ge-
würz – kam früher via
Rom nach Spanien.
Heute ist Spanien
selbst der größte
Safranproduzent in
Europa. 80.000 Blüten
braucht es, um ein
einziges Kilogramm
dieses feinen, weltweit
teuersten Gewürzes
herzustellen, das aus
den Blütennarben des
Safrankrokus ge-
wonnen wird.

1. In einem Topf 3 EL Olivenöl erhitzen, den Reis
zuschütten und unter Rühren 3 Minuten glasig
anbraten. Den Gemüsefond zugießen. Das Lorbeerblatt und die zwischen den Fingern zerriebe-
nen Safranfäden zugeben und den Reis im
geschlossenen Topf etwa 10 Minuten kochen, bis
er halb gar ist.

2. Die Paprikaschoten bei 220 °C im vorgeheizten
Ofen backen, bis die Haut »Blasen wirft«. Herausnehmen und in einer Plastiktüte »schwitzen« lassen. Die Schoten häuten, Samen und Scheidewände entfernen und das Fruchtfleisch in 1,5 cm
große Stücke schneiden.

3. Tomaten blanchieren, häuten, Stielansatz und Samen entfernen und das Fruchtfleisch würfeln. Zwiebeln und Knoblauch schälen und fein hacken. Bohnen und Lauch waschen und putzen, die Bohnen in 3 cm große Stücke, den Lauch in 1,5 cm breite Ringe schneiden. Möhren schälen und in dünne, 4 cm lange Stifte schneiden.

4. In einer Paellapfanne das restliche Öl erhitzen. Die Zwiebel- und Knoblauchwürfel darin 5 Minuten anschwitzen. Das Paprikapulver einrühren und kurz mitschwitzen. Bohnen, Lauch und Möhren 5 Minuten mitbraten und mit Salz und Pfeffer würzen.

5. Den halbgaren Reis zu dem Gemüse in die Pfanne geben, alles gut vermischen und bei mittlerer Hitze in etwa 15 Minuten fertig garen. Nach 10 Minuten die Paprika- und Tomatenstücke zugeben. Sollte der Reis zu trocken werden, noch etwas Gemüsefond angießen. Zuletzt die Oliven untermischen. Die Paella auf vorgewärmten Tellern anrichten und servieren.

Champignons frisch aus der Erde schmecken natürlich am besten. Gute Qualität zu bekommen, ist jedoch heutzutage kein Problem, da die Pilze täglich frisch auf den Markt kommen. Liegen sollten sie nicht lange, deshalb besser an dem Tag kaufen, an dem sie in der Küche auch Verwendung finden. Für dieses Rezept eignen sich weiße Champignons ebenso gut wie die rosafarbenen aus Frankreich oder die braunschaligen, die bei uns als Egerlinge verkauft werden.

Champiñones al ajillo

IN OLIVENÖL GEBRATEN, HABEN SIE EINEN STAMMPLATZ AN DEN THEKEN DER SPANISCHEN TAPA-BARS.

Zusammen mit Knoblauchbrot serviert, oder, noch besser, mit einer Tortilla de patatas, dem berühmten, traditionellen spanischen Kartoffel-omelett, werden die wohlgewürzten Pilze zum echten Hauptgericht.

Für die Knoblauch-Champignons:
40 g Schalotten
4 Knoblauchzehen
50 g Stangensellerie
800 g Champignons
4 EL Olivenöl
2 EL Zitronensaft
2 EL Sherry Amantillado
1 TL Salz, frisch gemahlener Pfeffer
1 Bund Petersilie, gehackt
50 ml Gemüsefond
25 g Semmelbrösel
15 g Butterflöckchen

Für die Tortillas de patatas:
750 g mehligkochende Kartoffeln
100 g Zwiebeln
7 EL Olivenöl
Salz, frisch gemahlener Pfeffer
6 Eier

Die Schalotten und die Knoblauchzehen schälen und fein hacken. Den Stangensellerie putzen, waschen und in feine Scheiben schneiden. Die Champignons sorgfältig putzen und halbieren. Das Olivenöl in einer feuerfesten Form erhitzen und Schalotten, Knoblauch und Stangensellerie darin hell anschwitzen. Die Champignonhälften zufügen und mit Zitronensaft, Sherry, Salz und

Ein Viertel der Eier-Kartoffel-Masse gleich-mäßig in der Pfanne verteilen. Bei mittlerer Hitze etwa 5 Minuten stocken lassen, dabei die Pfanne immer wieder schütteln, damit nichts ansetzt. Zum Wenden der Tortilla einen flachen Deckel auf die Pfanne legen, Deckel und Pfanne fest zusammenhalten und umdrehen, so daß die Tortilla auf den Deckel zu liegen kommt. Diese dann vorsichtig wieder in die Pfanne gleiten lassen und fertigbacken.

Pfeffer würzen. Die gehackte Petersilie einstreuen und alles gut vermischen. Den Gemüsefond zugießen. Die Champignons mit den Semmelbröseln bestreuen, mit den Butterflöckchen belegen und bei 200 °C im vorgeheizten Ofen etwa 20 Minuten garen. Nach Ende der Garzeit den Ofen ausschalten, die Form darin stehen lassen und bis zur weiteren Verwendung warmhalten. Für die Tortillas die Kartoffeln schälen und in etwa 2 mm dicke Scheiben schneiden. Die Zwiebeln schälen und fein würfeln. 3 EL Olivenöl in einer großen Pfanne erhitzen. Kartoffelscheiben und Zwiebeln darin bei mittlerer Hitze etwa 15 Minuten garen, ohne sie dabei Farbe nehmen

zu lassen. Mit Salz und Pfeffer würzen und etwas abkühlen lassen. In einer Schüssel die Eier verquirlen, salzen, pfeffern und die Kartoffel-Zwiebel-Mischung zugeben, alles gut miteinander vermischen. In einer Pfanne von etwa 15 cm Durchmesser jeweils 1 EL Olivenöl erhitzen und 4 Tortillas darin backen, wie in der Bildfolge links gezeigt. Die fertiggebackenen Tortillas mit den Knoblauch-Champignons auf vorgewärmte Teller anrichten und servieren.

»Al ajillo« – mit viel Knoblauch – kommen in Spanien nicht nur Champignons auf den Tisch. Ganz allgemein erfreut sich der Knoblauch als Gewürz dort großer Beliebtheit.

In der Fromagerie Vacherin du Mont d'Or, in Frasnes, kommen täglich etwa 19 neue Comtés zu den zur Reife im Keller gelagerten hinzu. Im Frühling sind es sogar bis zu 24: die Kühe – übrigens eine spezielle Rasse, die »Montbéliarde« – geben dann mehr Milch ab. Der etwa 45 kg schwere Comté wird lediglich im Doubs und im Jura produziert. Kenner trinken dazu einen trockenen Weißwein aus dem Jura.

Warme Gemüsequiche

DER FRANZÖSISCHE KLASSIKER: INTENSIVE AROMEN
UNTER FEINWÜRZIGEM EIERGUSS.

Damit der Mürbteig unter dem saftigen Gemüsebelag nicht zu feucht wird, muß er erst mal solo in den Ofen. Die Fachwelt spricht in diesem Zusammenhang von »blindbacken«. Denn nur so bleibt der Boden schön knusprig. Aber auch optisch ist dieses Verfahren von Vorteil: die Ränder fallen nicht ein und der Boden bleibt flach.

Für den Teig:
150 g Grahammehl, 50 g Weizenmehl (Type 405)
100 g Butter, in Stücken, 1/4 TL Salz
Für die Füllung:
je 200 g kleine Zucchini und Flaschentomaten
je 80 g Frühlingszwiebeln und weiße Champignons
40 g Butter, Salz, frisch gemahlener weißer Pfeffer
1 EL gehackte Kräuter (Salbei und Thymian)
Für den Guß:
100 ml Sahne, 100 g Crème fraîche
1 Knoblauchzehe, gepreßt, 3 Eier, Salz, weißer Pfeffer
Für die Sauce:
150 g Crème fraîche, Salz, weißer Pfeffer
1 EL gehackte Kräuter (Schnittlauch und Petersilie)
1/2 Knoblauchzehe, gepreßt
Außerdem:
Backpapier und Hülsenfrüchte zum Blindbacken
80 g frisch geriebener Comté zum Bestreuen

Beide Mehlsorten auf eine Arbeitsfläche häufen, in die Mitte eine Mulde drücken, Butter, 4 EL Wasser und Salz hineingeben. Zügig zu einem glatten Teig verkneten, in Folie wickeln und 1 Stunde kühl stellen. Zucchini putzen und in dünne Scheiben schneiden. Die Tomaten blanchieren, häuten, achteln und Stielansatz entfernen. Zwiebeln und Champignons putzen, in dünne Scheiben schneiden. Die Butter zerlassen, Gemüse 2 bis 3 Minuten darin anschwitzen, salzen, pfeffern, die Kräuter einstreuen und auskühlen lassen. Den Teig etwa 4 mm dick ausrollen und etwas größer als die Form (26 cm Durchmesser) ausschneiden. Weiterverfahren, wie gezeigt. Hülsenfrüchte und Papier entfernen und den Teigboden etwas abkühlen lassen. Dann die Füllung darauf verteilen und mit dem Käse bestreuen. Für den Guß alle Zutaten gut verquirlen, über die Quiche gießen und bei 200 °C im vorgeheizten Ofen etwa 40 Minuten backen. Für die Sauce Crème fraîche, Salz, Pfeffer und Kräuter cremig rühren, den Knoblauch unterziehen und zur ofenwarmen Quiche servieren.

Den Teig locker über ein Rollholz schlagen, über die ungefettete Form abrollen. Den Rand andrücken, überstehenden Teig abschneiden. Den Boden mehrfach einstechen.

Ein entsprechend der Größe der Form zurechtgeschnittenes Backpapier mit Hülsenfrüchten beschweren und den Teigboden damit abdecken.

Die restlichen Hülsenfrüchte gleichmäßig auf dem Boden verteilen und bei 200 °C im vorgeheizten Ofen 10 Minuten »blindbacken«.

Gekochte Artischocken mit Eiersauce

DIE LEICHT BITTEREN BLÜTENKNOSPEN ZÄHLEN IN FRANKREICH ZU DEN KLASSIKERN DER KÜCHE.

Ohne Fleiß kein Preis: Es bedarf eines gewissen zeitlichen Aufwandes, um die Artischocken vorzubereiten, zumal wenn, wie bei diesem Rezept, die kleinen Sorten gefragt sind. Aber die Mühe ist in jedem Fall gerechtfertigt, denn der unvergleichliche Geschmack des edlen Gemüses kommt frisch zubereitet am besten zur Geltung. Falls es doch einmal schneller gehen muß: Die verzehrfertig in Gläsern oder Dosen angebotenen Artischockenherzen bieten einen passablen Ersatz – allerdings sollte zumindest die Eiervinaigrette immer frisch gerührt werden.

Aus der Provence kommen die kleinen Artischocken, die in Frankreich, im Ganzen gekocht, für dieses Gericht verwendet werden. Doch auch kleine italienische Sorten eignen sich bestens.

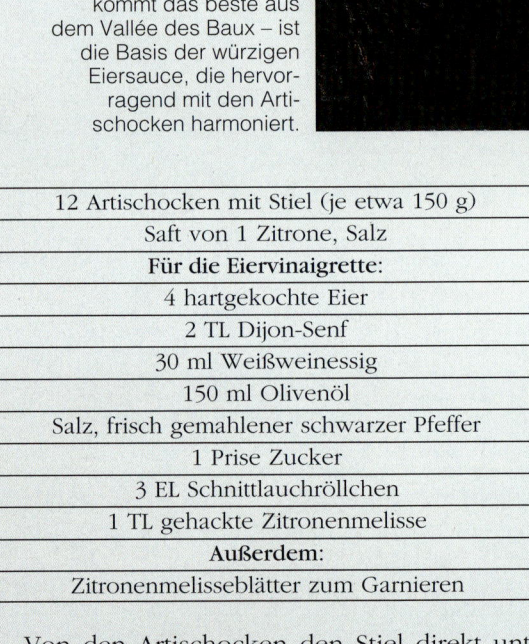

Kaltgepreßtes, natives Olivenöl – in Frankreich kommt das beste aus dem Vallée des Baux – ist die Basis der würzigen Eiersauce, die hervorragend mit den Artischocken harmoniert.

12 Artischocken mit Stiel (je etwa 150 g)
Saft von 1 Zitrone, Salz
Für die Eiervinaigrette:
4 hartgekochte Eier
2 TL Dijon-Senf
30 ml Weißweinessig
150 ml Olivenöl
Salz, frisch gemahlener schwarzer Pfeffer
1 Prise Zucker
3 EL Schnittlauchröllchen
1 TL gehackte Zitronenmelisse
Außerdem:
Zitronenmelisseblätter zum Garnieren

1. Von den Artischocken den Stiel direkt unter dem Blütenansatz mit einem Ruck abbrechen (so werden harte Fasern aus dem Blütenboden her-

ausgezogen) und den Boden sofort mit etwas Zitronensaft bestreichen. Die kleinen harten Blätter rund um den Stielansatz mit den Händen abzupfen. Von den äußeren Blättern die stacheligen Spitzen mit einer Küchenschere und von jeder Artischocke die Spitze mit einem scharfen Messer gerade abschneiden. Das Heu vom Artischockenboden mit einem Löffel entfernen.

2. In einem großen Topf reichlich Wasser mit dem restlichen Zitronensaft und Salz zum Kochen bringen. Die Artischocken einlegen und 10 Minuten darin kochen. Wenn sich ein Blatt leicht herausziehen läßt, ist die Artischocke gar.

3. In der Zwischenzeit für die Eiervinaigrette die Eier schälen und fein hacken. Senf, Essig und Öl in einer Schüssel mit einem Schneebesen gut miteinander vermischen. Die gehackten Eier, das Salz, den Pfeffer, den Zucker, den Schnittlauch und die Zitronenmelisse unterrühren.

4. Die Artischocken mit einem Schaumlöffel aus dem Kochwasser heben und kopfüber gut abtropfen lassen. Mit der Sauce auf Teller anrichten, mit den Zitronenmelisseblättern garnieren und sofort servieren.

Die weiße Hülle –
Velum genannt – die
den jungen Pilz
umschließt, ist ein
charakteristisches
Merkmal des Kaiser-
lings. Ebenfalls eßbar,
sollte sie nicht verwor-
fen werden, sondern
kommt mit den Stielen
in die Füllung.

Gefüllte Kaiserlinge mit Bratkartoffeln

EIN PILZ AUS SÜDLICHEN GEFILDEN – SELTEN, DOCH SEHR DELIKAT.

Der Kaiserling liebt Wärme, prächtig gedeiht er in den trockenen Eichen- und Edelkastanienwäldern Südeuropas. Kommen die schönen orangefarbenen Pilze einmal über den Pariser Großmarkt Rungis zu uns auf den Markt, sollte man daher unbedingt zugreifen, auch wenn keine größeren Exemplare zum Füllen dabei sind. Alternativ lassen sich die Pilze, grobgewürfelt und extra gegart, auch einfach so, vermischt mit den übrigen Zutaten, auf den Tisch bringen.

400 ml Gemüsefond, 100 g Stangensellerie
50 g Schalotten, 120 g Möhren
60 g Weißbrot, ohne Rinde
800 g Kaiserlinge (größere Exemplare)
4 EL Pflanzenöl, 1 Knoblauchzehe, geschält
1 EL gehacktes Stangenselleriegrün
Salz, frisch gemahlener Pfeffer
20 g Butterflöckchen

Außerdem:
30 g Butter für die Form
1 EL Schnittlauchröllchen

1. Den Gemüsefond in einem Topf zum Kochen bringen und auf die Hälfte reduzieren. Stangensellerie putzen, Schalotten und Möhren schälen und alles in sehr kleine Würfel schneiden. Das Weißbrot ebenfalls fein würfeln.

2. Die Kaiserlinge sorgfältig putzen. Dafür zunächst die Velumreste entfernen und diese putzen. Von den Pilzhüten die Haut abziehen und die Stiele entfernen. Dicke Hüte in der Mitte etwas aushöhlen. Stiele, Velum- und Fruchtkörperreste in kleine Würfel schneiden.

3. In einer Pfanne 2 EL Pflanzenöl erhitzen. Die Knoblauchzehe durch die Presse dazudrücken. Weißbrotwürfel zugeben und goldgelb braten.

4. Das restliche Öl in einer separaten Pfanne erhitzen und das Gemüse darin 3 Minuten anschwitzen. Die Pilzwürfel zufügen und 1 Minute mitbraten. Selleriegrün einstreuen, die Weißbrotwürfelchen untermischen, salzen und pfeffern.

5. Die Mischung in die Pilzhüte häufen. Eine feuerfeste Form mit Butter ausfetten, die Pilzhüte einsetzen und mit Butterflöckchen belegen. Den reduzierten Gemüsefond zugießen. Sollte etwas Füllung übrigbleiben, diese ebenfalls in der Form verteilen. Die gefüllten Pilze bei 200 °C im vorgeheizten Ofen in etwa 15 Minuten garen.

6. Die Pilzhüte mit etwas Gemüsefond auf vorgewärmte Teller anrichten und mit Schnittlauchröllchen bestreuen. Ganz besonders fein schmecken dazu einfache Bratkartoffeln.

Eine Augenweide für den Pilzfreund:
Auf dem Pariser Großmarkt Rungis stapeln sich im Herbst die Kisten mit den unterschiedlichsten Pilzen – auch der delikate Kaiserling ist hier zu finden.

Tomatenpastete

RAFFINESSE MIT SIMPLEN MITTELN: DIE ZUBEREITUNG VERLANGT ETWAS ZEIT UND VIEL LIEBE ZUM DETAIL.

Ein Festessen für Tomatenfans: Sehr fruchtig und leicht säurebetont gelingt dieses Rezept durch die Liaison von frischen und getrockneten Tomaten. Selbst durchaus dominante Zutaten wie Schalotten, Knoblauch und Basilikum ordnen sich dem üppigen Tomatenaroma unter. Leicht und erfrischend als Zwischengericht, mit Blattsalaten serviert, ein eleganter Hauptgang.

Für die Füllung:
120 g Schalotten, 3 Knoblauchzehen
800 g Flaschentomaten
200 g getrocknete Tomaten, in Öl
3 EL Olivenöl
100 g gehackte, geröstete Mandeln
Schale von 1/2 unbehandelten Zitrone, fein gehackt
1 EL feingehacktes Basilikum, 2 Eier
Salz, frisch gemahlener schwarzer Pfeffer
Außerdem:
300 g Blätterteig
1 Eigelb und 1 EL Wasser zum Bestreichen
Backpapier und Butter für die Form und das Blech

1. Schalotten und Knoblauchzehen schälen und fein hacken. Die Flaschentomaten blanchieren, kalt abschrecken, vierteln, Stielansatz und Samen entfernen und das Fruchtfleisch klein würfeln.

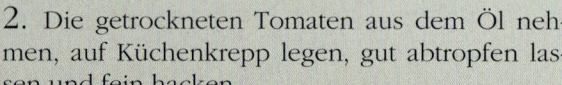

2. Die getrockneten Tomaten aus dem Öl nehmen, auf Küchenkrepp legen, gut abtropfen lassen und fein hacken.

3. Das Olivenöl in einem Topf erhitzen und Schalotten- und Knoblauchwürfel darin glasig anschwitzen. Das Fruchtfleisch der frischen Tomaten zugeben und im offenen Topf kochen, bis die Flüssigkeit vollständig

Den Teig von einer Seite halb über die Pastete schlagen, den Rand mit Eigelb bepinseln, die Pastete ganz einschlagen. Mit der Teignaht nach unten auf ein mit Backpapier belegtes Blech legen. 3 Löcher in die Oberfläche stanzen. Aus Alufolie 3 fingerdicke »Kamine« rollen und diese als Dampfabzug beim Backen in die Löcher stellen. Eigelb und Wasser verquirlen und die Pastete damit bestreichen. Dekorieren, Blätter mit Eigelb bepinseln.

verdampft ist. Vom Herd nehmen. Getrocknete Tomaten, Mandeln, feingehackte Zitronenschale und Basilikum untermischen und auf Zimmertemperatur abkühlen lassen. Die Eier verquirlen und unter die Mischung rühren. Salzen und pfeffern.

4. Eine Terrinenform (von 1 l Inhalt) mit Butter ausfetten. Ein zurechtgeschnittenes Stück Backpapier zusätzlich fetten und die Form damit auslegen. Die Tomatenmasse in die Form füllen und glattstreichen. Bei 180 °C im vorgeheizten Ofen 50 bis 60 Minuten backen. Die Tomatenpastete in der Form auskühlen lassen. Anschließend stürzen und das Backpapier entfernen.

5. Den Blätterteig auf einer bemehlten Arbeitsfläche mit dem Wellholz zu einem Rechteck von 20 x 30 cm ausrollen, dabei einige Teigreste zur Dekoration beiseite stellen. Die Tomatenpastete in die Mitte des ausgerollten Blätterteigs legen und weiterverfahren, wie in der Bildfolge links beschrieben. Aus den Teigresten Blätter ausstechen und diese blütenförmig um die »Kaminlöcher« der Pastete legen.

6. Die Tomatenpastete bei 200 °C im vorgeheizten Ofen in 15 bis 20 Minuten fertigbacken. Herausnehmen, die Alufolie entfernen, in Scheiben schneiden und sofort servieren.

Ofenheiß serviert, beschert man dem knusprigen Blätterteigmantel seinen schönsten Auftritt, und der frische Backduft unterstreicht noch die appetitliche Optik dieser Pastete.

Crêpes mit Mangoldfüllung

DIE DÜNNEN PFANNKUCHEN ÜBERZEUGEN AUCH IN DIESER VEGETARISCHEN FORM.

Gefüllt mit Spinat gehören Crêpes zum Standardrepertoire vieler Hausfrauen, und das nicht nur in Frankreich, sondern weit darüber hinaus. Doch auch diese, mit Mangold gefüllte Variante, ist sehr zu empfehlen. Durch die gehackten Stiele erhält die Füllung eine bißfeste Struktur und die Käsesauce sorgt außerdem für eine pikante Note.

Für den Crêpe-Teig:
50 g Mehl, 150 ml Milch, 2 Eier
20 g zerlassene Butter, 1 Prise Salz, Pfeffer
25 g frisch geriebener Comté
Für die Füllung:
1 kg junger Mangold, 100 g Schalotten
50 g Butter, 80 g Walnüsse, gehackt
100 ml Sahne, Salz, frisch gemahlener Pfeffer
frisch geriebene Muskatnuß
50 g frisch geriebener Gruyère oder Comté, 1 Ei

Je nach Geschmack können die Crêpes zusätzlich mit geriebenem Käse bestreut werden. Dazu eignet sich entweder der gleiche Käse wie in der Sauce oder ein pikanter Blauschimmelkäse wie etwa ein Roquefort, der – in kleinen Würfelchen darübergestreut – noch für eine weitere Geschmackskomponente sorgt.

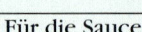

Für die Sauce:
10 g Butter, 15 g Mehl, 1/4 l Milch, Salz
frisch gemahlener Pfeffer, frisch geriebene Muskatnuß
1 Eigelb, 50 ml Sahne, 20 g frisch geriebener Comté
Außerdem:
30 g Butterschmalz, Butter für die Form
je 1 TL gehackte Petersilie und Oregano

1. Das Mehl mit der Milch glattrühren. Die Eier unterziehen. Die zerlassene Butter unter Rühren in dünnem Strahl zugießen. Den Teig durch ein feines Sieb passieren, um eventuell entstandene Klümpchen zu entfernen. Salz, Pfeffer und Käse einrühren und den Teig 1 Stunde stehen lassen.

2. In der Zwischenzeit die Füllung herstellen. Dafür die Mangoldstiele etwas kürzen, Fäden ab-

Rot oder grün – bei Mangold keine entscheidende Frage. Roh sieht zwar der rote Mangold interessanter aus, doch beim Kochen verliert er seine schöne Farbe fast gänzlich. Und auch geschmacklich unterscheiden sich die beiden Sorten kaum.

ziehen, gründlich waschen und gut abtropfen lassen. Die Stiele fein hacken, die Blätter in Streifen schneiden. Schalotten schälen und fein würfeln. In einem Topf die Butter zerlassen und die Schalotten darin glasig anschwitzen. Die gehackten Walnüsse kurz mitbraten, den Mangold zufügen, die Sahne angießen und mit Salz, Pfeffer und Muskatnuß würzen. Zugedeckt bei geringer Hitze 10 Minuten dünsten. Vom Herd nehmen, etwas abkühlen lassen. Den geriebenen Käse und das verquirlte Ei einrühren und alles gründlich miteinander vermengen.

3. In einer Pfanne von etwa 15 cm Durchmesser jeweils etwas Butterschmalz zerlassen und dünn mit Teig ausgießen. Nacheinander 8 Crêpes auf beiden Seiten goldgelb backen, auskühlen lassen.

4. Für die Sauce die Butter zerlassen und das Mehl darin unter Rühren 1 bis 2 Minuten farblos anschwitzen. Die Milch zugießen, glattrühren und mit Salz, Pfeffer und Muskatnuß würzen. Unter ständigem Rühren etwa 20 Minuten kochen. Das Eigelb mit der Sahne verquirlen, die Sauce damit legieren und unter Rühren einmal kräftig aufkochen. Durch ein Sieb passieren, nochmals erhitzen und den geriebenen Käse unter Rühren in der Sauce schmelzen.

5. Die Pfannkuchen mit der Füllung bestreichen, aufrollen und in eine gebutterte Auflaufform setzen. Die Sauce darüber verteilen und bei 220 °C im vorgeheizten Ofen 10 bis 12 Minuten überbacken. Herausnehmen, mit Petersilie, Oregano-blättchen und -blüten bestreuen und servieren.

Roter Reis mit provenzalischem Gemüse

DER SÜDEN FRANKREICHS IST EINE FAST UNERSCHÖPFLICHE QUELLE KULINARISCHER KÖSTLICHKEITEN.

Nur in der Camargue wird in Europa der Rote Reis angebaut. Es ist ein ursprünglich aus Indien stammender Mittelkornreis, dessen Außenhaut eine natürliche, intensiv rote Färbung aufweist. Er kommt ungeschliffen als Vollkornreis in den Handel.

Regionaltypischer geht es kaum: Sowohl der Rote Reis, der im ausgedehnten feuchten Rhonedelta unter klimatisch besten Bedingungen gedeiht als auch die verschiedenen Gemüsesorten für das Ratatouille wachsen in Südfrankreich direkt vor der Haustür. Das leicht nussige Aroma des Roten Reises verträgt sich bestens mit dem kräftigen Geschmack des würzigen Gemüses.

200 g roter Camargue-Reis
700 ml Gemüsefond, Salz
Für das Gemüse:
100 g Zwiebeln, 2 Knoblauchzehen
300 g Auberginen, 300 g Zucchini
100 g gelbe Paprikaschoten
100 g rote Paprikaschoten
300 g Tomaten
4 EL Olivenöl
Salz, frisch gemahlener Pfeffer
200 ml Gemüsefond
2 EL gehackte gemischte Kräuter
Außerdem:
Butter für die Form
30 g frisch geriebene Tomme de Savoie

Den Reis in ein Sieb schütten und kalt abbrausen. In einer Schüssel mit Wasser bedeckt über Nacht einweichen. Am nächsten Tag das Wasser abschütten. Den Gemüsefond mit wenig Salz in einem Topf aufkochen lassen, den Reis zugeben, die Hitze reduzieren und 20 bis 25 Minuten köcheln lassen. In ein Sieb schütten und abtropfen lassen. Die Zwiebeln und den Knoblauch schälen und beides fein hacken. Von den

Auberginen und Zucchini Stiel- und Blütenansatz entfernen und das Fruchtfleisch in etwa 1,5 cm große Würfel schneiden. Die Paprikaschoten vierteln, Samen und Scheidewände entfernen und das Fruchtfleisch in Streifen schneiden. Die Tomaten blanchieren, kalt abschrecken, häuten, von Stielansatz und Samen befreien und in Stücke schneiden. Das Olivenöl in einer großen Pfanne erhitzen und die Zwiebel- und Knoblauchwürfel darin hell anschwitzen. Auberginen, Zucchini und Paprikaschoten zugeben und kurz mitbraten. Salzen und pfeffern, mit dem Gemüsefond ablöschen und bei geringer Hitze zugedeckt garen. Nach 5 Minuten die Tomaten zufügen und 3 Minuten mitschmoren. Die Kräuter (Thymian, Rosmarin, Oregano, Basilikum und Petersilie) einstreuen und abschmecken. Weiterverfahren, wie in der Bildfolge unten gezeigt. Die Reis-Gemüse-Mischung bei 200 °C im vorgeheizten Ofen bei etwa 20 Minuten backen.

Eine entsprechend große Auflaufform mit Butter ausstreichen. Den abgetropften Reis einfüllen.

Das Gemüse gleichmäßig auf der Reisschicht verteilen und mit dem geriebenen Käse bestreuen.

Eine große Auswahl an Ziegenkäse
hat Frankreich seit jeher zu bieten: Vom zarten Frischkäse bis zu festen, vollausgereiften Sorten mit ausgeprägtem Ziegenmilcharoma ist alles zu haben. Für die Kartoffelterrine eignet sich am besten ein mildgereifter Käse.

Warme Kartoffelterrine mit Ratatouillesalat

EINE AUSSERGEWÖHNLICHE, ABER HÖCHST DELIKATE ART, KARTOFFELN ZU SERVIEREN.

Damit sie sich gut in die Terrinenform einlegen lassen, sollten die Kartoffeln für dieses Gericht groß und von möglichst länglicher Form sein. Außerdem sind mehligkochende Sorten zu bevorzugen, weil diese geschmacklich mit dem Käse besser harmonieren.

1 Knoblauchzehe, geschält, leicht zerdrückt
20 g zerlassene Butter
1 kg große, mehligkochende Kartoffeln
1 Ziegenkäse (Rolle von etwa 250 g)
Für den Ratatouillesalat:
150 g Zucchini
150 g Auberginen
100 g Schalotten
1 Knoblauchzehe
150 g Tomaten
100 g schwarze Oliven
5 EL Olivenöl
1 EL Weißweinessig
1 TL Salz, frisch gemahlener schwarzer Pfeffer
1 EL frische Thymianblättchen
Außerdem:
gebuttertes Pergamentpapier

Ziegenkäse in Rollenform
gibt es ganz unterschiedliche. In diesem Fall sollte er sich bereits fest anfühlen, aber noch nicht zu sehr gereift sein. Ideal wäre ein Saint-Maure aus der Touraine, den es mit naturweißer Rinde oder auch in Asche gibt. Letztere würde zwar geschmacklich nicht stören, doch im Anschnitt nicht gerade appetitlich aussehen.

Eine Terrinenform (von 1,2 l Inhalt) mit der leicht zerdrückten Knoblauchzehe ausreiben und sorgfältig mit der zerlassenen Butter auspinseln. Die Kartoffeln waschen, schälen und längs in etwa 2 mm dicke Scheiben schneiden. Das geht am besten mit einer Aufschnittmaschine. Die Kartoffelscheiben in sprudelnd kochendem Salzwasser 1 Minute blanchieren, herausnehmen und auf einem Tuch sehr gut abtropfen lassen. Die Terrinenform damit auslegen, wie in der Bildfolge gezeigt. Damit die Kartoffelterrine schön fest und kompakt bleibt, auf die Oberfläche ein entsprechend großes Brettchen legen und mit einem Stein oder anderen Gewicht beschweren. Die

Den Boden und die langen Seitenwände der gefetteten Terrinenform mit den Kartoffelscheiben auslegen, so daß in der Mitte eine Mulde entsteht. Den Ziegenkäse entrinden, der Länge nach hineinlegen und die Kartoffelscheiben darüberklappen. Die Form mit den restlichen Kartoffelscheiben auffüllen und mit gebuttertem Pergamentpapier bedecken.

Terrine in ein mit kochend heißem Wasser aufgefülltes hochwandiges Blech stellen. Bei 150 °C im vorgeheizten Ofen 1 Stunde pochieren. In der Zwischenzeit den Ratatouillesalat zubereiten. Dafür die Zucchini und die Aubergine waschen, von Stiel- und Blütenansatz befreien und das Fruchtfleisch in 5 mm große Würfel schneiden. Die Schalotten schälen und in dünne Scheibchen schneiden. Die Knoblauchzehe schälen und fein hacken. Die Tomaten blanchieren, häuten, Stielansatz und Samen entfernen und das Fruchtfleisch in 5 mm große Würfel schneiden. In einer Pfanne das Öl erhitzen und die Auberginenwürfel darin scharf anbraten, anschließend die Zucchini

1 Minute mitbraten. Die Tomaten und Oliven zufügen und alles 1 weitere Minute braten. In einer Schüssel Essig, Salz, Pfeffer und Thymian verrühren und das gebratene Gemüse untermischen. Nach Ende der Garzeit die Kartoffelterrine aus dem Ofen nehmen, etwas abkühlen lassen und aus der Form stürzen. In Scheiben schneiden und mit Salz und Pfeffer würzen. Mit dem Ratatouillesalat auf Teller anrichten und servieren.

Wie die Schiffahrt auf der Themse, in früheren Jahrhunderten eine der Hauptattraktionen für Reisende vom Kontinent, hat auch die englische Küche eine große Tradition. Daß sie sich zudem höchst kreativ variieren läßt, beweist das nebenstehende Rezept.

Gemüseragout mit Yorkshire pudding

MIT KÄSESAUCE UND BLUE STILTON ÜBERBACKEN, EIN DELIKATES, SÄTTIGENDES HAUPTGERICHT.

Gemeinhin begegnet einem der Yorkshire pudding in Begleitung eines Stück Roastbeefs. Ja, er scheint geradezu für dieses durch und durch britische Essen kreiert. Doch auch im vegetarischen Umfeld kann dieser Pudding, der eigentlich gar keiner ist, überzeugen.

Für 6 Personen
Für den Yorkshire pudding:
200 ml Milch, 130 g Mehl, 4 Eier
Salz, frisch gemahlener Pfeffer
frisch geriebene Muskatnuß

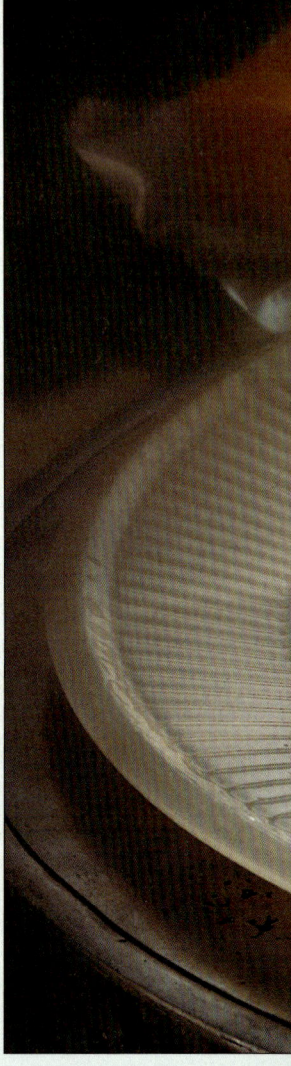

Yorkshire pudding einmal ganz anders: Frisch aus dem Ofen, verträgt er sich aufs beste mit dem Gemüseragout. Wichtig ist, daß der Pudding bei genügend großer Hitze gebacken wird, damit er sich richtig entfalten und aufgehen kann.

Für das Gemüseragout:
200 g Blumenkohlröschen, 120 g grüne Bohnen
200 g Kohlrabi, 80 g Stangensellerie, 80 g Möhren
300 g Erbsenschoten, 40 g Butter
80 g Zwiebeln, fein gehackt, 100 ml Gemüsefond
Salz, frisch gemahlener Pfeffer
1 EL junges Kohlrabi- und Selleriegrün, gehackt
Für die Käsesauce:
25 g Butter, 20 g Mehl, 1/2 l Milch, Salz
frisch gemahlener Pfeffer, frisch geriebene Muskatnuß
1 Eigelb, 100 ml Sahne, 50 g geriebener Cheddar
1 bis 2 EL geschlagene Sahne
Außerdem:
Butter für die Förmchen, 50 g Blue Stilton, gewürfelt

1. Für den Pudding alle Zutaten zu einem glatten Teig verrühren und 1 Stunde kühl ruhen lassen.

2. Blumenkohlröschen waschen. Bohnen putzen und schräg in 4 cm lange Stücke schneiden. Kohlrabi schälen und in 1 cm große Würfel schneiden. Stangensellerie putzen, Möhren schälen und beides in 4 cm lange und 5 mm breite Stifte schneiden. Erbsenschoten auspalen.

3. In einem entsprechend großen Topf die Butter zerlassen. Das Gemüse und die Zwiebeln in der Reihenfolge, wie bei den Zutaten angegeben, kurz anschwitzen. Den Gemüsefond zugießen und das Gemüse 10 bis 12 Minuten dünsten. Salzen, pfeffern und die gehackten Kohlrabi- und Sellerieblättchen einstreuen.

4. Die Butter zerlassen und das Mehl unter Rühren 1 bis 2 Minuten farblos darin anschwitzen. Die

Milch zugießen, glattrühren und würzen. Etwa 20 Minuten unter ständigem Rühren kochen. Eigelb und Sahne verquirlen, die Sauce damit legieren, einmal aufkochen und durch ein feines Sieb passieren. Erneut erhitzen, den Käse unter Rühren darin schmelzen. Geschlagene Sahne unterheben.

5. Muffinförmchen (200 ml Inhalt) ausfetten, den Teig einfüllen und bei 200 °C im vorgeheizten Ofen 15 bis 20 Minuten goldbraun backen. Herausnehmen, je 1 Pudding auf einen Teller legen, Gemüse hineinfüllen und darum herum verteilen. Die Sauce darübergießen, die Stiltonwürfel darauf geben. Unter dem vorgeheizten Grill 1 bis 2 Minuten gratinieren, bis der Käse geschmolzen ist.

Traditionell in Tüchern hergestellter, ungefärbter Cheddar, wie links auf dem Bild zu sehen, wird nur noch selten angeboten. Heute reift der Käse meist in Folie oder unter einer Wachsschicht. Orange gefärbt wird er mit Anatto, einem Farbstoff, der aus den Samen des in Südamerika beheimateten Orleanstrauchs gewonnen wird.

Kleine Spinat-Pies

HEISS ODER KALT GEGESSEN, EINE SCHMACKHAFTE VORSPEISE FÜR EIN VEGETARISCHES MENÜ.

Würzigem Cheddar verdankt der Pie-Teig sein besonders kräftiges Aroma. Damit der Teig schön knusprig bleibt, werden die Törtchen erst mal »blindgebacken« – zudem bleiben so die Ränder stehen und der Boden schön flach – ehe Spinatfüllung und Sahneguß hineinkommen. Die so vorgebackenen Pies lassen sich übrigens hervorragend einfrieren. Bei Bedarf braucht man sie dann nur noch zu füllen und fertigzubacken.

Für den Pie-Teig:
125 g Mehl, 125 g Butter
125 g frisch geriebener, ungefärbter Cheddar
1 Eigelb, 1/2 TL Salz
1/2 TL Paprikapulver
Für den Belag:
1 kg geputzter Spinat, 100 g Zwiebeln
1 Knoblauchzehe, 20 g Butter
Für den Guß:
1/8 l Sahne, 1 Ei, 1 Eigelb
Salz, frisch gemahlener weißer Pfeffer
frisch geriebene Muskatnuß
Außerdem:
Backpapier und Hülsenfrüchte zum Blindbacken
20 g gehackte, geröstete Macadamianüsse

1. Das Mehl auf eine Arbeitsfläche sieben und in die Mitte eine Mulde drücken. Die Butter in Würfeln, den Käse, das Eigelb sowie die Gewürze hineingeben und alles rasch zu einem glatten Teig verarbeiten. In Folie wickeln und 1 Stunde im Kühlschrank ruhen lassen.

2. Den Spinat waschen und blanchieren. In Eiswasser abschrecken, abtropfen lassen und gut ausdrücken. Zwiebeln und Knoblauch schälen und fein hacken. Die Butter zerlassen, Zwiebel- und Knoblauchwürfel darin glasig anschwitzen und den Spinat untermischen. Vom Herd nehmen und abkühlen lassen.

3. Für den Guß die Sahne mit dem Ei und dem Eigelb verquirlen. Mit Salz, Pfeffer und Muskatnuß würzen.

4. Auf einer bemehlten Arbeitsfläche den Teig etwa 5 mm dick ausrollen und die Tortelettförmchen (von 12 cm Durchmesser) damit auslegen, dabei die Teigränder an die Formen drücken und die überstehenden Ränder abschneiden. Den Boden mit einer Gabel mehrmals einstechen. Zurechtgeschnittenes Backpapier einlegen und die Hülsenfrüchte einfüllen. Bei 200 °C im vorgeheizten Ofen 15 Minuten blindbacken.

5. Die Förmchen herausnehmen, Hülsenfrüchte und Backpapier entfernen. Die Spinat-Zwiebel-Mischung gleichmäßig in die Förmchen verteilen und den Sahneguß darübergießen. Die Förmchen wieder in den Ofen schieben und bei 200 °C in 20 Minuten fertigbacken. Werden die Ränder zu dunkel, die Spinat-Pies mit Folie abdecken. Herausnehmen, mit den gerösteten Macadamianüssen bestreuen und servieren.

Spargel mit »poached eggs«

EIN FRÜHLINGSESSEN, WIE ES TYPISCHER KAUM DENKBAR IST – UND »VERY BRITISH« NOCH DAZU.

Die englische »countryside« bietet eine schnörkellose Küche, zusammengestellt aus den verschiedenen Produkten des Landes. Auch im kulinarisch multikulturellen London sind diese einfachen wie stimmigen Gerichte neben Spezialitäten aus allen fünf Erdteilen zu finden.

Einfach, aber einfach perfekt: Ein samtiges Petersiliensabayon ergänzt die traditionelle Kombination von Spargel und Ei. »Poached eggs« – pochierte Eier – sind eine urenglische Angelegenheit, die dort bereits zum Frühstück gern gegessen werden. Sie zuzubereiten bedarf es etwas Fingerspitzengefühls und der Faustregel: immer nur knapp unter dem Siedepunkt garen.

900 g weißer Spargel
Salz, etwas Zitronensaft
Für die pochierten Eier:
1/2 l Gemüsefond
2 EL Estragonessig
4 Eier
Für das Petersiliensabayon:
30 g abgezupfte Petersilienblättchen, Salz
2 EL Gemüsefond
80 ml Weißwein
2 Eigelbe, 4 Eier
frisch gemahlener weißer Pfeffer
60 ml lauwarme Sahne
1 Spritzer Zitronensaft

Die unteren Spargelenden abschneiden und die Stangen mit dem Sparschäler von oben nach unten schälen. Dafür dicht unter dem Spargelkopf ansetzen und

Eine Schöpfkelle in den knapp siedenden Fond halten und ein Ei hineingleiten lassen; es behält so seine Form. Die Eier auf diese Weise nacheinander in den Fond geben und 3 bis 4 Minuten garziehen lassen. Mit der Schöpfkelle vorsichtig aus dem Fond heben und in lauwarmes Salzwasser legen, damit das Ei die gewünschte Konsistenz behält. Die Eiweißfäden abschneiden.

zum Stangenende hin dicker schälen. Wasser mit etwas Salz und Zitronensaft in einem entsprechend großen Topf zum Kochen bringen, die Spargelstangen einlegen und 10 bis 12 Minuten kochen. Den Gemüsefond mit dem Estragonessig aufkochen. Die gut gekühlten Eier einzeln aufschlagen. Weiterverfahren wie in der Bildfolge gezeigt. Den Spargel aus dem Sud nehmen, gut abtropfen lassen und warmhalten. Die Petersilienblättchen waschen. Wenig Salzwasser zum Kochen bringen, die Petersilienblättchen hineingeben und einmal aufkochen lassen. Anschließend sofort abgießen, eiskalt abschrecken und gut abtropfen lassen. Die Petersilienblättchen grob

hacken und zusammen mit dem Gemüsefond fein pürieren. Den Weißwein in einem Topf auf 2 Eßlöffel reduzieren. Das Petersilienpüree mit den Eigelben und Eiern in einem Schneekessel verrühren. Diesen in ein kochend heißes Wasserbad stellen und die Mischung mit dem Schneebesen kräftig schlagen, bis die Masse schaumig wird und das doppelte Volumen erreicht hat. Mit Salz und Pfeffer würzen. Den Weißwein, die Sahne und den Zitronensaft einrühren. Den Spargel auf vorgewärmten Tellern mit den pochierten Eiern und dem Sabayon anrichten. Dazu passen neue Kartoffeln, die 15 bis 20 Minuten in Gemüsefond gekocht und mit Petersilie bestreut serviert werden.

Neue Kartoffeln, im Gemüsefond gegart, oder einfaches Landbrot mit knuspriger Kruste sind ideale Ergänzungen für dieses Gericht, das auch ohne Beilagen schon eine runde Sache ist.

»Gemüsenudeln« mit Hirserisotto

WIE BANDNUDELN, NUR VIEL FARBENFROHER:
GEMÜSESTREIFEN MIT EXTREM KURZER GARZEIT.

Eine ausgesprochen kultivierte Form, Gemüse zuzubereiten: Möhren, Zucchini und Sellerie werden in lange dünne Streifen geschnitten (am einfachsten geht das mit einer Aufschnittmaschine) und kurz in der Pfanne gebraten. Abgesehen von der farbenfrohen Optik, behält das Gemüse durch die knappe Garzeit weitgehend seinen typischen Eigengeschmack. Daher empfiehlt es sich, die »Nudeln« nicht in Sauce zu ertränken, sondern sie stattdessen zu einem milden Hirserisotto zu reichen. Abgerundet wird das Ganze mit geriebener Mimolette vieille.

»Mimolette vieille« geht durch viele kundige Hände. Der gelb-orange gefärbte Edamer aus den Niederlanden reist zunächst nach Frankreich, wo sich »Affineurs« (Spezialisten der Käsepflege) mindestens 12 Monate lang um ihn kümmern, bis er seine endgültige Lagerreife erreicht hat.

Für die Hirse:
30 g Zwiebel, 40 g Möhre
30 g Petersilienwurzel, 30 g Lauch
2 EL Pflanzenöl, 200 g Hirse, 600 ml Gemüsefond
Salz, frisch gemahlener Pfeffer
Für die Gemüsenudeln:
450 g Möhren, 450 g Zucchini
450 g Stangensellerie
3 EL Pflanzenöl, Salz

grobgemahlener schwarzer Pfeffer
1 TL gehacktes Selleriegrün
Für die Tomatensauce:
700 g Tomaten
1 Knoblauchzehe, 50 g Zwiebel, 2 EL Pflanzenöl
Salz, frisch gemahlener Pfeffer
1 EL Thymianblättchen
Außerdem:
40 g frisch gehobelte Mimolette vieille

1. Für die Hirse Zwiebel, Möhre und Petersilienwurzel schälen und alles in kleine Würfel schneiden. Öl in einem Topf erhitzen und das Gemüse darin hell anschwitzen. Die Hirse zugeben und kurz mitschwitzen. Den Gemüsefond angießen, einmal kurz aufkochen lassen, salzen und pfeffern. Die Hitze reduzieren und im geschlossenen Topf 20 bis 25 Minuten garen.

2. Möhren schälen, Zucchini von Blüten- und Stielansatz befreien, Stangensellerie putzen. Alle 3 Gemüse der Länge nach in 1 mm dicke Scheiben schneiden, Möhren und Zucchini anschließend in 5 mm breite Streifen.

3. Tomaten blanchieren, häuten, halbieren, Stielansatz und Samen entfernen und das Fruchtfleisch fein würfeln. Knoblauchzehe und Zwiebel schälen und beides fein hacken. Öl in einem Topf erhitzen, die Knoblauch- und Zwiebelwürfel darin glasig anschwitzen. Die Tomaten 5 Minuten mitdünsten. Mit Salz und Pfeffer würzen und die Thymianblättchen einstreuen.

4. Für die Gemüsenudeln das Öl in einer Pfanne erhitzen. Die Möhrenstreifen darin 1 Minute braten, dann die Zucchini- und Stangenselleriestreifen 1 weitere Minute mitbraten. Salzen, mit grobem Pfeffer und gehacktem Selleriegrün bestreuen. Gemüsenudeln mit der Tomatensauce anrichten und den gehobelten Käse darüber verteilen. Das Hirserisotto separat dazu servieren.

Gouda aus Rohmilch
mit seinem milden bis
kräftig-pikanten Aroma
wird in Holland oft
durch verschiedene
Beigaben zusätzlich
verfeinert. So gibt es
ihn zum Beispiel mit
Knoblauch, Zwiebeln
und Kümmel, mit
Brennesseln oder
auch mit anderen
frischen Kräutern.

Hirsepfannkuchen

BELEGT MIT BUNTEM PAPRIKAGEMÜSE UND ÜBERBACKEN MIT GEWÜRZTEM GOUDA.

Hirse, ein bereits im Altertum bekanntes Getreide, spielte bis zum letzten Jahrhundert eine große Rolle in unserer Ernährung. Zwischenzeitlich fast in Vergessenheit geraten, gewinnt die Hirse heute unter Liebhabern der vegetarischen Küche wieder mehr und mehr Freunde. Und zugegeben: Die dünnen, schmackhaften Hirsepfannkuchen, kombiniert mit fruchtigem Paprikagemüse und herzhaftem Gouda, lassen leichten Herzens auf eine Fleischbeilage verzichten.

Für den Pfannkuchenteig:
300 g Hirse, 1,2 l Wasser
Salz, 4 Eier
1 EL feingeschnittener Schnittlauch
2 EL gehackte Petersilie
frisch gemahlener weißer Pfeffer
frisch geriebene Muskatnuß, 80 g Vollkorngrieß
Für den Belag:
200 g rote Paprikaschoten
200 g gelbe Paprikaschoten
200 g grüne Paprikaschoten
80 g weiße Zwiebeln
1 Knoblauchzehe, 2 EL feines Pflanzenöl

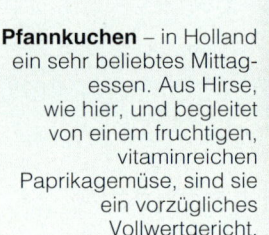

Pfannkuchen – in Holland
ein sehr beliebtes Mittagessen. Aus Hirse,
wie hier, und begleitet
von einem fruchtigen,
vitaminreichen
Paprikagemüse, sind sie
ein vorzügliches
Vollwertgericht.

Die Hirsekörner
müssen zunächst
bei geringer Hitze
im Wasser aus-
quellen, ehe sie
zum Pfannkuchen-
teig verarbeitet
werden können.

1 EL Thymianblättchen
Salz, frisch gemahlener weißer Pfeffer
Außerdem:
100 g Butter zum Ausbacken
250 g gewürzter Goudakäse, in Scheiben

1. In einem Topf die Hirse mit dem kalten Wasser und etwas Salz zum Kochen bringen. Zurück-schalten und die Hirse bei sehr geringer Hitze 30 Minuten ausquellen lassen. Vom Herd nehmen und auf Zimmertemperatur abkühlen lassen. Die Eier mit den Kräutern und den Gewürzen verquir-len und unter die gekochte, abgekühlte Hirse zie-

hen. Den Grieß unterrühren und bis zur weiteren Verwendung beiseite stellen.

2. Für den Belag die Paprikaschoten häuten. Dafür die Schoten bei 220 °C im vorgeheizten Ofen backen, bis die Haut »Blasen wirft«. Herausnehmen und in einer Plastiktüte »schwitzen« lassen. Die Schoten häuten, vierteln, Samen und Scheidewände entfernen und das Fruchtfleisch in etwa 1,5 cm große Quadrate schneiden.

3. Zwiebeln und Knoblauch schälen, die Zwiebeln in dünne Ringe, den Knoblauch in feine Scheiben schneiden. In einer Pfanne das Öl erhitzen und beides darin hell anschwitzen. Die Paprikastücke zufügen und 1 Minute mitschwitzen. Die Thymianblättchen einstreuen und mit Salz und Pfeffer würzen.

4. In einer beschichteten Pfanne jeweils 1/8 der Butter zerlassen und darin nacheinander 8 Pfannkuchen backen. Die Pfannkuchen in tiefe Teller legen. Die Paprika-Zwiebel-Mischung darauf verteilen und jeweils mit einer Käsescheibe belegen. Bei 180 °C im vorgeheizten Ofen kurz überbacken. Herausnehmen und sofort servieren.

Reiskugeln,
mit zweierlei Käse gefüllt

ZU DEN FRITIERTEN REISBÄLLCHEN SCHMECKT EINE
FRUCHTIGE TOMATEN-PAPRIKA-SAUCE BESONDERS GUT.

Die in Fett gebackenen Reiskugeln könnten auch
fernöstlich sein, wäre da nicht die Füllung aus
zweierlei Käse, beide durch und durch dänisch:
Zum einen der Esrom, ein aromatischer halbfester
Schnittkäse, der auch unter der Bezeichnung
»Dänischer Butterkäse« im Handel ist. Zum anderen ist es Danablu, ein Edelpilzkäse aus Kuh-
milch, der von allen Blauschimmelkäsen international der am weitesten verbreitete ist.

Für die Reiskugeln:
30 g Butter, 50 g sehr fein gehackte Schalotten
200 g Arborio-Reis
50 ml Weißwein, etwa 1 l Gemüsefond
Salz, frisch gemahlener weißer Pfeffer
60 g frisch geriebener Esrom (dänischer Butterkäse)

Für die Tomaten-Paprika-Sauce:
200 g rote Paprikaschoten, 700 g Tomaten
80 g Zwiebeln, 1 Knoblauchzehe, 3 EL Olivenöl
Salz, frisch gemahlener weißer Pfeffer

Für die Panade:
2 Eier, 150 g Weißbrotbrösel

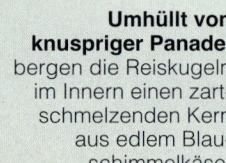

**Umhüllt von
knuspriger Panade,**
bergen die Reiskugeln
im Innern einen zart-
schmelzenden Kern
aus edlem Blau-
schimmelkäse.

Außerdem:
60 g Danablu (dänischer Blauschimmelkäse)
Öl zum Fritieren, einige Oreganoblättchen

1. Butter in einem Topf zerlassen und die Schalotten darin hell anschwitzen. Den Reis auf einmal
zuschütten. Unter Rühren mitschwitzen, bis er
glasig ist. Wein zugießen und etwas reduzieren.
Nach und nach den Gemüsefond angießen und
den Reis in etwa 15 Minuten fertigkochen, dabei
mehrmals umrühren. Salzen und pfeffern. Vom
Herd nehmen, etwas abkühlen lassen, den Esrom
einrühren und die Reis-Käse-Mischung nochmals
etwas abkühlen lassen.

In Dänemark liebt
man die Natur und
bevorzugt auch in der
Küche frische,
naturbelassene
Produkte.

Foto: Lennard, Dänisches Fremdenverkehrsamt, Hamburg

2. Paprikaschoten bei 220 °C im vorgeheizten Ofen backen, bis die Haut »Blasen wirft«. Herausnehmen, in einer Plastiktüte »schwitzen« lassen. Häuten, halbieren, Samen und Scheidewände entfernen, das Fruchtfleisch klein würfeln. Tomaten blanchieren, häuten, halbieren, Stielansatz und Samen entfernen und das Fruchtfleisch würfeln. Zwiebeln und Knoblauch fein würfeln. Öl erhitzen und beides darin glasig anschwitzen. Tomaten- und Paprikawürfel zugeben, salzen, pfeffern, bei geringer Hitze 15 Minuten köcheln lassen.

3. Den Danablu-Käse in 12 gleich große Würfel schneiden. Reis-Käse-Mischung in 12 Portionen

(von je 50 g) teilen und auf der Handfläche flach auseinanderdrücken. Jeweils einen Käsewürfel in die Mitte legen, den Reis wieder zusammendrücken und zu glatten runden Bällchen formen.

4. In einem tiefen Teller die Eier verquirlen. Die Weißbrotbrösel in einen weiteren Teller geben. Die Reisbällchen zuerst in Ei, dann in den Bröseln wenden und in der Friteuse 5 Minuten bei 160 °C fritieren. Mit einem Schaumlöffel herausheben und auf Küchenpapier abtropfen lassen.

5. Die Reiskugeln mit Tomaten-Paprika-Sauce anrichten und mit Oreganoblättchen bestreuen.

Blinis

KÖSTLICHE KLEINE HEFEPFANNKUCHEN, DELIKAT GEFÜLLT MIT EINER MISCHUNG AUS SAUERKRAUT UND PILZEN.

Traditionell gehören Blinis zur Fastnachtswoche. Heute kommen die beliebten Küchlein aus Buchweizen- und Weizenmehl in Polen und Rußland das ganze Jahr auf den Tisch. Am besten gelingen sie in einer Eisenpfanne mit dickem Boden. Da der Teig noch gehen muß, empfiehlt es sich, rechtzeitig mit der Zubereitung zu beginnen.

18 cm Durchmesser jeweils etwas Butter zerlassen, darin nacheinander 8 Blinis von beiden Seiten goldgelb backen. Je 1 Blini auf einen Teller legen, die Champignon-Kraut-Mischung darauf verteilen und mit einem weiteren Blini bedecken. Einen Klecks saure Sahne daraufgeben, mit Petersilie bestreuen und sofort servieren.

Für den Blini-Teig:
200 g Weizenschrot, 200 g Weizenmehl
20 g Hefe, 200 g Buchweizenmehl
100 g zerlassene Butter, 1 TL Salz
Für die Füllung:
500 g Sauerkraut, 130 g Zwiebeln, 80 g Butter
1 Lorbeerblatt, Salz, frisch gemahlener Pfeffer
400 g Champignons
Außerdem:
Butter zum Ausbacken
80 g saure Sahne, 1 TL gehackte Petersilie

Weizenschrot in 700 ml Wasser aufkochen, die Hitze reduzieren und 15 Minuten quellen lassen. In eine Schüssel füllen und erkalten lassen. Das Weizenmehl darauf sieben, in das Mehl eine Mulde drücken und die Hefe hineinbröckeln. Weiterverfahren, wie rechts gezeigt. Während der Blini-Teig geht, das Sauerkraut etwas kleinschneiden. Zwiebeln schälen und fein hacken. In einem Topf 40 g Butter zerlassen und 80 g Zwiebelwürfel darin glasig anschwitzen. Kraut, Lorbeerblatt, Salz und Pfeffer zufügen und mit 250 ml Wasser aufgießen. Die Hitze reduzieren und zugedeckt 30 bis 40 Minuten garen. Inzwischen die Champignons putzen und in Scheiben schneiden. Die restliche Butter zerlassen und die übrigen Zwiebeln darin hell anschwitzen. Die Champignons 2 bis 3 Minuten mitschwitzen. Salzen, pfeffern und unter das Kraut mischen. In einer Pfanne von

3 EL lauwarmes Wasser zugießen und alles gründlich miteinander verrühren. Den Teig zugedeckt 15 Minuten gehen lassen.

Das Buchweizenmehl zuschütten und einrühren. Die flüssige Butter und das Salz zugeben und ebenfalls einrühren.

Nach und nach 350 ml lauwarmes Wasser zugießen und mit einem Holzlöffel verrühren, bis ein glatter Teig entsteht.

Den Teig zugedeckt noch etwa 35 Minuten gehen lassen, bis er das doppelte seines ursprünglichen Volumens erreicht hat.

Steinpilze mit Kartoffelnudeln

AUS BÖHMISCHEN WÄLDERN FRISCH AUF DEN TISCH:
IN TSCHECHIEN WEISS MAN MIT STEINPILZEN
VIRTUOS UMZUGEHEN.

Eine ausgesprochen delikate Kombination, bei der man in Böhmen so richtig aus der verschwenderischen Fülle der Natur schöpfen kann: Zur Herbstzeit gibt es dort frische Kartoffeln und exzellente Steinpilze im Überfluß. Was liegt näher, als sie in einem Rezept zu vereinen? Der Kartoffelteig ist typisch für die böhmische Regionalküche und wird zu allen möglichen Formen verarbeitet. Für dieses Rezept formt man daraus kleine dünne Kartoffelnudeln, die – zusammen mit den geschmorten Zwiebeln – vortrefflich mit den gebratenen Steinpilzen harmonieren.

Für die Kartoffelnudeln:
400 g mehligkochende Kartoffeln
150 g Mehl, 50 g frisch geriebener Emmentaler
3/4 TL Salz, frisch gemahlener Pfeffer, 2 Eier
Für die Schmorzwiebeln:
250 g kleine Zwiebeln, 30 g Butter
150 ml Sahne
Salz, frisch gemahlener Pfeffer
1 Thymianzweig
Für die Pilze:
500 g Steinpilze, 50 g Butter
Salz, frisch gemahlener Pfeffer
1 EL gehackte Petersilie
Außerdem:
1 TL Thymianblättchen
1 TL gehackte Petersilie

Kartoffeln waschen und in Alufolie wickeln. Bei 200 °C im vorgeheizten Ofen 1 Stunde backen. Herausnehmen und pellen. Das Mehl auf eine Arbeitsfläche häufen, in die Mitte eine Mulde drücken. Den Käse, Salz und Pfeffer hineingeben. Die heißen Kartoffeln durch die Kartoffelpresse kranzförmig auf den Mehlrand drücken. Die Eier aufschlagen und in die Mulde gleiten lassen. Alles

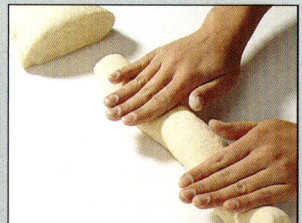

Kartoffelteig zu Strängen von 2 cm Durchmesser rollen und mit Mehl bestauben. Die Rollen mit einem großen Messer in etwa 1 cm große Stücke schneiden. Teigstücke mit der Hand zu Nudeln rollen, die an beiden Enden jeweils spitz zulaufen.

Typisch für die üppige böhmische Küche: Ein guter Schuß Sahne zähmt nicht nur den dominanten Geschmack der Schmorzwiebeln, er rundet auch das Gericht angenehm ab.

rasch zu einem glatten Teig verkneten. Kurz ruhen lassen. Weiterverfahren, wie in der Bildfolge links gezeigt. Die Zwiebeln schälen und längs halbieren. Die Butter in einer Kasserolle zerlassen und die Zwiebeln darin bei geringer Hitze und unter ständigem Rühren 10 Minuten anschwitzen. Die Sahne zugießen, salzen und pfeffern. Den Thymianzweig einlegen und bei geschlossenem Topf 10 Minuten köcheln lassen. Die Steinpilze sehr sorgfältig putzen (waschen nur, wenn unbedingt nötig) und längs in dünne Scheiben schneiden. Die Butter in einer Pfanne zerlassen. Die Pilze kurz darin braten, mit Salz und Pfeffer würzen und die Petersilie einstreuen. Die Kartoffelnudeln

in leicht gesalzenem, kochendem Wasser in etwa 6 Minuten garziehen lassen. Sie sind fertig, sobald sie an die Oberfläche steigen. Die Nudeln mit einem Schaumlöffel aus dem Kochwasser heben und gut abtropfen lassen. Mit den geschmorten Zwiebeln und den Steinpilzen auf vorgewärmte Teller anrichten, mit Thymian und Petersilie bestreuen und servieren.

Kartoffeln frisch
vom Acker sind der
Idealfall für dieses
Gericht. Wer keine
Möglichkeit hat, direkt
beim Bauern zu kaufen,
sollte dennoch nach
bester Qualität suchen.
Wichtig ist vor allem
auch die richtige Sorte:
festkochend sollten
die Kartoffeln sein,
aber dennoch einen
mehligen Charakter
haben. Die Sorten
Aula, Grata und
Quarta eignen sich
besonders gut.

Gefüllte Ofenkartoffeln

MIT FRUCHTIGEM PAPRIKAGEMÜSE UND EINER
WÜRZIGEN KNOBLAUCHMAYONNAISE.

Ausgangsprodukt sind gleichmäßig große, in
Folie gegarte Kartoffeln, wie man sie von der
Grillparty her kennt, hier aber der Einfachheit
halber im Ofen gebacken. Für die Füllung sollte
man die kräftiger schmeckenden Spitzpaprika, die
es im Herbst in den drei Farben rot, grün und gelb
auf dem Markt gibt, den üblichen kantigen Block-
paprika vorziehen. Gut geeignet sind auch die
türkischen »dolma«, deren Schoten hellgrün und
dünnschalig sind.

4 große festkochende Kartoffeln (je etwa 250 g)
Für die Füllung:
100 g Zwiebeln
2 Knoblauchzehen
200 g grüne Spitzpaprikaschoten
200 g rote Spitzpaprikaschoten
300 g Tomaten, 2 EL Pflanzenöl
4 TL edelsüßes Paprikapulver
1/2 TL gemahlener Kümmel
Salz, frisch gemahlener weißer Pfeffer
1 TL gehackter frischer Majoran

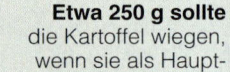

Etwa 250 g sollte
die Kartoffel wiegen,
wenn sie als Haupt-
gericht serviert wird.
Von kleineren Kartoffeln
nimmt man entsprechend
mehr und reduziert die
Garzeit um etwa ein
Viertel. Als Beilage zu
diesem Gericht paßt ein
frischer Blattsalat mit
pikanter Vinaigrette.

Für die Knoblauchmayonnaise:
1 Ei, 1/2 TL Salz
1/4 TL frisch gemahlener weißer Pfeffer
1/2 TL Zitronensaft, 1 Knoblauchzehe, geschält
175 ml Pflanzenöl, 1 EL Schnittlauchröllchen

Sobald die Kartoffeln
weich sind (Garprobe
machen, indem man sie
mit einem kleinen spitzen
Messer ansticht), die Folie
entfernen und von jeder
Kartoffel längs das obere
Drittel abschneiden.

1. Die Kartoffeln gründlich waschen, abtropfen
lassen und in Alufolie wickeln. Bei 200 °C im vorgeheizten Ofen etwa 1 Stunde garen.

2. Die Zwiebeln und den Knoblauch schälen und
beides fein hacken. Die Paprikaschoten waschen,
halbieren, Samen und Scheidewände entfernen
und das Fruchtfleisch in 1 cm große Quadrate
schneiden. Die Tomaten blanchieren, kalt abschrecken, häuten, Stielansatz und Samen entfernen und das Fruchtfleisch in Stücke schneiden.

3. Für die Mayonnaise ist es wichtig, daß alle Zutaten die gleiche Temperatur haben, damit die Sauce gut bindet und nicht gerinnt. Das Ei in den Mixer geben, darüber Salz, Pfeffer und Zitronensaft. Die Knoblauchzehe durch die Knoblauchpresse auf das Ei drücken. Den Mixer auf niedrigster Stufe einschalten und das Öl durch die Öffnung im Deckel in kräftigem Strahl zugießen. Im Mixer so lange rühren, bis eine homogene Sauce entstanden ist; das dauert nur sehr kurze Zeit. Die Sauce in eine Schüssel umfüllen, den Schnittlauch einrühren und abschmecken.

4. Das Öl in einer Pfanne erhitzen, die Zwiebel- und Knoblauchwürfel darin hell anschwitzen. Die Paprikawürfel bei geringer Hitze 5 Minuten mitschwitzen. Die Tomaten zugeben und weitere 2 Minuten dünsten. Die Gewürze und den Majoran einrühren. Ist dieser frisch nicht zu bekommen, kann ersatzweise 1/2 TL getrockneter verwendet werden.

5. Die Kartoffeln aus dem Ofen nehmen und die Alufolie entfernen. Das obere Drittel der Kartoffel längs abschneiden, den unteren Teil aushöhlen, dabei soll ein etwa 4 mm breiter Rand stehen bleiben. Die abgeschnittenen Deckel schälen und ebenso wie das Ausgehöhlte kleinschneiden und mit der Paprika-Tomaten-Mischung vermengen. Abschmecken, die Masse in die ausgehöhlten Kartoffeln füllen und mit einem Klecks Knoblauchmayonnaise servieren.

Gemüse mit Rieslingsauce

KROSS FRITIERTE TOPINAMBURCHIPS ALS KONTRAPUNKT ZU JUNGEM, GLASIERTEM GEMÜSE.

Ein einfaches Rezept der neuen, selbstbewußten deutschen Küche, das ohne viel Gewürze auskommt – vorausgesetzt, man verwendet frisches junges Gemüse von Top-Qualität und einen Riesling der Spitzenklasse. Erste Lagen aus dem Rheingau oder Elsaß mit ihrer fruchtigen Eleganz sind Garanten für das Gelingen der Sauce.

250 g Kartoffeln (Bamberger Hörnchen)
4 kleine Artischocken (von je etwa 100 g)
Saft von 1 Zitrone, Salz, 200 g kleine Zwiebeln
120 g Zuckerschoten, 150 g junge Möhren
200 g weiße Rübchen, 50 g Butter, 1 EL Zucker
frisch gemahlener weißer Pfeffer
200 ml Riesling, 300 ml Sahne
1 Spritzer Zitronensaft
Für die Topinamburchips:
100 g Topinambur, Fett zum Ausbacken, Salz

Topinambur ist die hellbraune Knolle einer Sonnenblumenart. Für die Chips schält man die Knolle, schneidet sie längs oder schräg in 1 mm dünne Scheiben und bäckt diese in der Friteuse im 180 °C heißen Fett goldgelb aus. Nur sparsam gesalzen, kommt der leicht nussige Geschmack der Topinambur bestens zur Geltung.

1. Die Kartoffeln gründlich waschen, in der Schale 15 Minuten kochen und abgießen. Etwas auskühlen lassen, pellen und quer in etwa 1 cm dicke Scheiben schneiden.

2. Den Stiel der Artischocken direkt unterhalb des Blütenansatzes abschneiden und den Boden sofort mit Zitronensaft bestreichen. Die kleinen, harten Blätter rund um den Stielansatz abzupfen. Die Spitzen der äußeren Blätter sowie die Kegelspitze jeder Artischocke gerade abschneiden. Wasser mit Salz und dem restlichen Zitronensaft zum Kochen bringen, die Artischocken darin 10 Minuten garen. Aus dem Wasser heben, vierteln und das Heu entfernen.

3. Die Zwiebeln schälen, die Zuckerschoten waschen und putzen. Die Möhren schälen, dabei ein kleines Stück vom Grün stehen lassen. Weiße Rübchen schälen und achteln. Die Gemüse in leicht gesalzenem, kochendem Wasser 8 Minuten garen, dabei nur so viel Wasser verwenden, daß das Gemüse knapp bedeckt ist. Abgießen, dabei 400 ml des Kochsuds auffangen und das Gemüse gut abtropfen lassen.

4. Die Butter in einer Kasserolle zerlassen. Artischocken, Kartoffeln, Zwiebeln und das restliche Gemüse zugeben. Mit Salz und Zucker bestreuen und unter Rühren darin 2 bis 3 Minuten anschwitzen, bis das Gemüse glänzt. Mit Salz und Pfeffer würzen.

5. Das Gemüse aus der Kasserolle nehmen, den Wein zugießen und um die Hälfte reduzieren. Den Kochsud angießen und nochmals um 2/3 reduzieren. Sahne einrühren, sämig einköcheln lassen und mit Salz, Pfeffer und 1 Spritzer Zitronensaft würzen. Mit dem Mixstab aufschlagen, das glasierte Gemüse hineingeben, wieder erwärmen und mit den Topinamburchips servieren.

Kräuterpfannkuchen

EIN DEUTSCHER KLASSIKER IM DUETT MIT EINEM
KOSMOPOLITEN GEMÜSE – DEM ZUCCHINO.

Das Ei ist wohl das in der deutschen Küche am
vielfältigsten eingesetzte Produkt. Gebacken, po-
chiert, gerührt (oder verloren), als Setz-, Sol- oder
Spiegelei ist es für so manches Solo gut. Und was
dem einen sein »Pfannkuchen«, ist dem anderen
sein »Omelett« ...

Für den Pfannkuchenteig:
6 Eier
20 g Mehl
Salz
frisch gemahlener Pfeffer
4 EL gehackte Kräuter
40 g Butter
Für die Füllung:
300 g Zucchini
50 g Zwiebel
20 g Butter
Salz, frisch gemahlener Pfeffer
1 TL Thymianblättchen

Hühnereier aus
artgerechter Haltung
sind, entgegen allen
Unkenrufen, ein geradezu
perfekt auf den mensch-
lichen Organismus abge-
stimmtes Nahrungsmittel –
solange man sie in Maßen
genießt. Und kombiniert
mit Kräutern, wie in
diesem Rezept,
werden sie zur
Delikatesse.

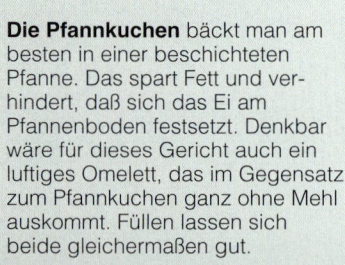

Die Pfannkuchen bäckt man am
besten in einer beschichteten
Pfanne. Das spart Fett und ver-
hindert, daß sich das Ei am
Pfannenboden festsetzt. Denkbar
wäre für dieses Gericht auch ein
luftiges Omelett, das im Gegensatz
zum Pfannkuchen ganz ohne Mehl
auskommt. Füllen lassen sich
beide gleichermaßen gut.

1. Eier mit Mehl, Salz, Pfeffer und Kräutern (rotes Basilikum, Petersilie, Kapuzinerkresse, Liebstöckel, Oregano, Schnittlauch) verquirlen. Die Zucchini waschen, Blüten- und Stielansatz entfernen und schräg in 3 mm dicke Scheiben schneiden. Die Zwiebel schälen und fein hacken.

2. In einer Pfanne die Butter zerlassen und die Zwiebelwürfel darin hell anschwitzen. Zucchinischeiben 4 bis 5 Minuten mitschwitzen. Salzen, pfeffern und die Thymianblättchen in das Zucchi-nigemüse einstreuen. Vom Feuer nehmen, zudecken und warm halten.

3. In einer beschichteten Pfanne von 18 cm Durchmesser 1/4 der Butter zerlassen, 1/4 des Teigs hineingießen und den Pfannkuchen bei geringer Hitze von beiden Seiten goldbraun ausbacken. Herausnehmen und warm stellen. Mit dem restlichen Teig ebenso verfahren. Die Kräuterpfannkuchen mit dem Zucchinigemüse füllen und gleich auf den Tisch bringen.

Spargelkuchen

ZUSAMMENGEHALTEN VON EINEM CREMIGEN GUSS: MÜRBER TEIG UNTER ÜPPIGEM GEMÜSEBELAG.

Ein Paradebeispiel der anspruchsvollen vegetarischen Küche, bei dem frisch gestochener Spargel die Hauptrolle spielt. Wie überhaupt Frische auch für Eier und Erbsen oberstes Gebot ist. Doch hat man die richtige Produkte einmal zusammen und vorbereitet, dann verbinden sich die Aromen unter dem feinen, goldgelben Eierguß aufs Angenehmste. Der schonende Garprozeß im Ofen schafft ein eigenes, intensives Aroma – schon während des Backens duftet es verlockend – wobei die saftige Milde im Innern des Kuchens einen hervorragenden Kontrast abgibt zum knusprig gebackenen dünnen Teig.

Für den Teig:
250 g Mehl
125 g Butter
Salz, 1 bis 2 EL kaltes Wasser
1 Ei
Für den Belag:
250 g frische Erbsenschoten (ausgepalt etwa 125 g)
700 g weißer Spargel
Für den Guß:
3 Eier
1/8 l Sahne
Salz, frisch gemahlener Pfeffer
1 Eiweiß
Außerdem:
1 Bund Schnittlauch, in Röllchen geschnitten

Das Mehl auf eine Arbeitsplatte häufen, die leicht gekühlte Butter in Stückchen darüber verteilen und mit den Händen zu einer bröseligen Masse zerreiben. Salz, Wasser und das Ei in eine kleine Mulde der Mehl-Fett-Mischung geben und mit

Zur Spargelsaison
ein optimales Party-gericht, da sich der Kuchen gut im voraus zubereiten läßt. Er muß dann nur noch einmal kurz aufgebacken werden, bevor man ihn serviert.

Die ausgerollte Teigplatte locker um das Wellholz wickeln und vorsichtig über der Form abrollen.

Den Teig mit einem Teigrest in die Form drücken und überstehende Ränder abschneiden.

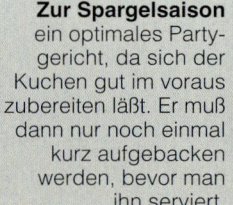

den Händen rasch zu einem glatten Teig verkneten. In Folie einschlagen und mindestens 1 Stunde im Kühlschrank ruhen lassen. Die Erbsen auspalen. Die Spargelstangen schälen und in 4 cm große Stücke schneiden. In sprudelnd kochendem Salzwasser 5 bis 8 Minuten kochen. Herausnehmen und gut abtropfen lassen. Den Teig auf einer bemehlten Arbeitsfläche etwa 5 mm dick ausrollen und in eine Form von 26 cm Durchmesser legen, wie in der Bildfolge links gezeigt. Den Teig zunächst »blindbacken«, damit der Boden unter der Füllung schön knusprig bleibt. Dafür ein in Form geschnittenes Pergamentpapier einle-

gen und mit Hülsenfrüchten bis 1 cm unter den Rand auffüllen. Bei 200 °C im vorgeheizten Ofen 15 Minuten backen. Herausnehmen, Hülsenfrüchte und Backpapier entfernen und etwas abkühlen lassen. Erbsen und Spargelstücke auf dem Teigboden verteilen. Für den Guß die Eier in einer Schüssel mit der Sahne verquirlen, salzen und pfeffern. Das Eiweiß steifschlagen und unterheben. Den Eierguß über das Gemüse gießen und bei 200 °C im vorgeheizten Ofen 35 bis 40 Minuten backen. Herausnehmen und leicht abkühlen lassen. Den Spargelkuchen mit Schnittlauchrölchen bestreuen und noch lauwarm servieren.

Entlang der Längs-
seiten jeweils eine
Reihe Brokkoliröschen
und in die Mitte
Paprikastreifen ein-
legen. Darauf 1/4 der
Kürbismasse verteilen.
Dann entlang der
Längsseiten jeweils
eine Reihe Paprika-
streifen und in die Mitte
Brokkoliröschen ein-
legen. Wieder mit
1/4 der Kürbis-
masse abdecken.

Kürbis-Brokkoli-Terrine

EBENSO FARBENFROH WIE LEICHT BEKÖMMLICH: BROKKOLI UND PAPRIKASCHOTEN, EINGEBETTET IN KÜRBISPÜREE.

So eine Gemüseterrine sieht komplizierter aus als ihre Herstellung tatsächlich ist. Allerdings ist schon ein gewisser zeitlicher Aufwand damit verbunden. Auch muß man wirklich sorgfältig arbeiten, um ein befriedigendes Ergebnis zu erzielen.

750 g Kürbisfleisch
20 g Butter
80 g feingehackte weiße Zwiebeln
2 feingehackte Knoblauchzehen
20 g Zucker, 1 TL frisch geriebene Ingwerwurzel
5 Eier, Salz, frisch gemahlener weißer Pfeffer
400 g rote Paprikaschoten, 300 g Brokkoliröschen
Für die Paprikasauce:
450 g rote Paprikaschoten
20 g Butter, 20 g feingehackte Schalotte
1/2 feingehackte Knoblauchzehe
Salz, frisch gemahlener weißer Pfeffer
1 Thymianzweig, 1 Lorbeerblatt
40 ml Weißwein
150 ml Gemüsefond

Außerdem:
Butter und Klarsichtfolie für die Form

Problemlos stürzen
läßt sich die Terrine,
wenn die Form mit
Klarsichtfolie ausgelegt
wird. Da der Garprozeß
sehr schonend im
Wasserbad erfolgt,
übersteht die Folie dies
völlig unbeschadet.

1/3 des Kürbisfleisches in 5 mm große Würfel schneiden, die restlichen 2/3 kleinhacken. Die Kürbiswürfel in kochendem Salzwasser 3 Minuten blanchieren. Abgießen, dabei 150 ml der Kochflüssigkeit auffangen. Butter zerlassen, Zwiebeln und Knoblauch darin hell anschwitzen. Das gehackte Kürbisfleisch zugeben, den Zucker einstreuen und karamelisieren. Mit dem Kochfond ablöschen, den Ingwer einstreuen und zugedeckt 5 Minuten schmoren. Abdecken und weiterkochen, bis die Flüssigkeit vollständig verdampft ist. Die Masse abkühlen lassen, im Mixer mit den Eiern pürieren, salzen und pfeffern. Die Kürbiswürfel unterrühren. Die Paprikaschoten bei 220 °C im vorgeheizten Ofen backen, bis die Haut »Blasen wirft«. In einer Plastiktüte »schwitzen« lassen und häuten. Samen und Scheidewände entfernen, das Fruchtfleisch längs in etwa 1,5 cm breite Streifen schneiden. Den Brokkoli in kochendem Salzwasser blanchieren, herausheben und gut abtropfen lassen. Eine Terrinenform (von 1 l Inhalt) leicht buttern, mit Klarsichtfolie auslegen und 1/4 der Kürbismasse einfüllen. Weiterverfahren, wie gezeigt. Als letzte Schicht längs Brokkoli, in der Mitte Paprika auslegen und mit der restlichen Kürbismasse abdecken. Die Form einmal fest auf der Tischplatte aufstauchen, um Luftbläschen zu verhindern. Die Terrine zugedeckt im Wasserbad bei 150 °C im vorgeheizten Ofen garen. Für die Sauce die Paprikaschoten waschen, vierteln, Samen und Scheidewände entfernen und das Fruchtfleisch in Würfel schneiden. Die Butter zerlassen, Schalotte und Knoblauch darin anschwitzen und Paprikawürfel zufügen. Salzen, pfeffern und die Kräuter einlegen. Mit Wein und Fond ablöschen und bei geringer Hitze weichgaren. Alles mit dem Mixstab pürieren und durch ein feines Sieb passieren. Die Terrine aus dem Ofen nehmen, lauwarm abkühlen lassen, auf ein Brett stürzen und die Folie abziehen. In Scheiben schneiden und mit Paprikasauce anrichten.

Kräuter (Rosmarin, Thymian, Basilikum, Petersilie, Selleriegrün) und Ei sorgfältig in die Grünkernmasse einrühren. Sahne, Salz, Pfeffer und Muskatnuß untermischen. Die Gemüsejulienne vorsichtig unter den Grünkern rühren. Aus dem Teig mit beiden Händen 8 Bratlinge von je etwa 100 g formen.

Grünkernküchlein mit Schmorgurken

KNUSPRIGE VOLLWERTFRIKADELLE, DIE JEDER HACKFLEISCHVARIANTE DAS WASSER REICHEN KANN.

Grünkern, das vor der Reife geerntete Korn des Dinkels, hat ob seiner Vielseitigkeit in der vegetarischen Küche einen verdienten Stammplatz. Bei diesem rustikalen Gericht verfeinern Gemüsestreifen den Teig der Küchlein, die hier mit einem erfrischenden Sahne-Gurken-Gemüse auf den Tisch kommen.

Für die Küchlein:
1/2 l Gemüsefond, 2 Knoblauchzehen
250 g geschroteter Grünkern
80 g Zwiebeln
125 g Möhren, 125 g Zucchini, 20 g Butter
Salz, frisch gemahlener weißer Pfeffer
2 EL gehackte Kräuter
1 Ei, 50 ml Sahne
frisch geriebene Muskatnuß, 3 EL Pflanzenöl
Für das Gurkengemüse:
800 g Schmorgurken, 100 g Zwiebeln, fein gewürfelt
40 g Butter, Salz, frisch gemahlener weißer Pfeffer
60 ml Weißwein, 100 ml Sahne, 2 EL Dill, gehackt
Außerdem:
Kapuzinerkresseblüten zum Garnieren

Die Blüten der Kapuzinerkresse sorgen mit ihrem herben Geschmack für die optische und geschmackliche Abrundung der knusprig gebratenen Grünkernküchlein.

»Gurkenzeit«, aber keine saure: Im August/September hat dieses Schmorgemüse Saison. Kleine Freilandgurken eignen sich für dieses Gericht am besten. Die gängigen Schlangengurken kommen in der Regel aus dem Treibhaus und schmecken vergleichsweise langweilig.

1. Den Gemüsefond zum Kochen bringen. Den Knoblauch schälen und durch die Presse in den Fond drücken. Den Grünkern einrühren, die Hitze reduzieren und zugedeckt etwa 20 Minuten ausquellen lassen. Dabei gelegentlich umrühren. Die Grünkernmasse in eine Rührschüssel umfüllen und auskühlen lassen.

2. In der Zwischenzeit die Gemüsejulienne zubereiten. Dafür die Zwiebeln schälen und fein hacken. Die Möhren putzen, von den Zucchini Blüten- und Stielansatz entfernen und beide Gemüse in feine Streifen schneiden. Die Butter in einer Pfanne zerlassen und die Zwiebeln darin glasig schwitzen. Zunächst die Möhren 3 Minuten, anschließend die Zucchinistreifen weitere 2 Minuten mitschwitzen. Salzen und pfeffern.

3. Den Teig für die Küchlein zubereiten, wie gezeigt. Das Öl in einer Pfanne erhitzen, die Grünkernküchlein darin von jeder Seite 4 Minuten braten und warmhalten.

4. Für das Gemüse die Gurken schälen, längs halbieren, die Samen entfernen und das Fruchtfleisch quer in 1 cm breite Stücke schneiden. Zwiebeln fein würfeln. Butter zerlassen und die Zwiebeln darin glasig schwitzen. Gurken zufügen, salzen, pfeffern und kräftig andünsten. Wenn das Gemüse Saft gezogen hat, den Wein angießen und kurz aufkochen. Die Gurken im offenen Topf bei geringer Hitze etwa 10 Minuten dünsten, bis die Flüssigkeit fast verdampft ist. Sahne und Dill untermischen, vorsichtig erwärmen. Garniert mit Kapuzinerkresseblüten zu den Küchlein servieren.

Pfifferlinge in knuspriger Teighülle

IN KOMBINATION MIT EINER SANFTEN KRÄUTER-RAHM-SAUCE NICHT NUR EINE OPTISCHE DELIKATESSE.

Marktfrische Pfifferlinge zählen zu den feinsten Speisepilzen. Doch sie stellen Arbeit vor das Vergnügen ihres Verzehrs: die dottergelben Blätterpilze müssen sehr sorgfältig geputzt werden. Dosenware ist geschmacklich kein Ersatz!

Die Zubereitung eines Nudelteigs entfällt, wenn man für dieses exquisite Rezept dünne Teigblätter verwendet, wie es sie küchenfertig unter verschiedenen Bezeichnungen in türkischen oder griechischen Spezialläden gibt. Auch tiefgefrorene Frühlingsrollenteigblätter sind geeignet.

Für 8 Stück
4 Yufka-Blätter, 50 g flüssige Butter
8 Schnittlauchhalme (zum Zubinden)
Für die Füllung:
1 kg frische Pfifferlinge, 100 g Butter
80 g Zwiebeln, 1 Knoblauchzehe
400 g festkochende Kartoffeln, 1 EL Pflanzenöl
250 g Tomaten, 80 g Frühlingszwiebeln
2 EL gehackte glatte Petersilie
1 EL Schnittlauchröllchen, Salz
frisch gemahlener schwarzer Pfeffer, 1 TL Trüffelöl
Für die Kräuter-Rahm-Sauce:
30 g Zwiebel, 20 g Butter, 100 ml Weißwein
400 ml Sahne, 1 EL gehackte Kräuter
Salz, frisch gemahlener weißer Pfeffer
1 TL Zitronensaft

Begleitung? Eigentlich bedürfen die kleinen Säckchen außer der Kräuter-Rahm-Sauce keiner weiteren. Bißfest gedünstete Möhren, weiße Rübchen oder gestiftelte Zucchini harmonieren jedoch perfekt.

Außerdem:
Butter für das Blech

1. Die Pfifferlinge putzen und mit Küchenpapier abreiben, möglichst nicht waschen. Kleinere Exemplare ganz lassen, größere halbieren. Die Butter in einer Pfanne zerlassen und die Pfifferlinge darin rundum anbraten. Aus der Pfanne nehmen, abkühlen lassen.

2. Zwiebeln und Knoblauch schälen und fein hacken. Kartoffeln waschen, schälen und in 5 mm große Würfel schneiden. Das Öl in einer Pfanne erhitzen, Zwiebeln und Knoblauch darin

glasig anschwitzen. Die Kartoffelwürfel 5 Minuten mitschwitzen. Abkühlen lassen.

3. Tomaten blanchieren, häuten, vierteln, Stielansatz und Samen entfernen und das Fruchtfleisch fein würfeln. Frühlingszwiebeln putzen und in feine Ringe schneiden.

4. Die Pfifferlinge, die Kartoffelmischung, die Tomaten und Frühlingszwiebeln mit der Petersilie, dem Schnittlauch, den Gewürzen und dem Trüffelöl in einer Schüssel gut vermischen.

5. Die Yufkablätter quer halbieren, mit flüssiger Butter bepinseln und die Pilz-Kartoffel-Mischung darauf verteilen. Die Blätter zu Säckchen formen und mit einem Schnittlauchhalm zubinden. Auf

ein gut gebuttertes Blech legen und bei 200 °C im vorgeheizten Ofen 15 bis 20 Minuten backen. Nach etwa 5 Minuten Backzeit die Spitzen abdecken, da sie sonst zu braun werden.

6. Für die Sauce die Zwiebel schälen und sehr fein hacken. Die Butter in einer Kasserolle zerlassen und die Zwiebel darin glasig schwitzen. Mit Weißwein ablöschen und auf etwa 1/3 reduzieren. Sahne zugießen, unter Rühren bei geringer Hitzezufuhr vorsichtig aufkochen lassen und bis zur gewünschten sämigen Konsistenz reduzieren. Kräuter (Rosmarin, Oregano, Salbei, Basilikum) einstreuen, mit Salz, Pfeffer und Zitronensaft würzen und mit dem Stabmixer aufschlagen. Die Pfifferlingsäckchen mit der Kräuter-Rahm-Sauce auf vorgewärmte Teller anrichten und servieren.

Gemüsepaprika –
Vitaminlieferanten auch im Winter. Moderne Zuchtmethdoden garantieren eine ganzjährige Versorgung. Zwar sind die Schoten im Winter nicht sonderlich geschmacksintensiv, doch allemal besser als nichts.

Gebratene Sesambrötchen

EINE HOMMAGE AN DIE GUTEN ALTEN KARTHÄUSERKLÖSSE. DOCH NICHT SÜSS UND ZIMTIG, SONDERN HERZHAFT UND VOLLWERTIG.

Das Gute von gestern weiterzuverwenden, ist eine Sitte, die noch von der Sparsamkeit unserer Großmütter herrührt. In Verbindung mit einem leichten Salat werden hier die Vollkornbrötchen vom Vortag zum Mittelpunkt eines ausgewogenen Hauptgerichts.

4 Vollkornbrötchen vom Vortag
1/4 l Milch
1 TL Salz
frisch gemahlener weißer Pfeffer
frisch geriebene Muskatnuß
2 Eier
4 EL Semmelbrösel
5 EL Sesamsamen, naturbelassen
Für den Tomaten-Paprika-Salat:
400 g Tomaten
400 g gelbe Paprikaschoten
1 Bund Schnittlauch
1/2 Knoblauchzehe, geschält und zerdrückt
3 EL Sonnenblumenöl
3 EL Kräuteressig
1/2 TL Salz
frisch gemahlener schwarzer Pfeffer
Außerdem:
60 g Butter
rotes Basilikum zum Garnieren

Die Brötchen mit einer Küchenreibe entrinden, dabei die Brösel auffangen. Die Brötchen halbieren und nebeneinander in eine flache Schüssel legen. Die Milch mit Salz, Pfeffer und Muskatnuß in einem Topf bis kurz vor den Siedepunkt erhitzen und über die Brötchen gießen. Nach 1 Minute die Brötchenhälften vorsichtig wenden. Die Eier in einem tiefen Teller verquirlen. Auf einem separaten Teller die Semmelbrösel, die abgeriebene

Brötchenrinde und die Sesamsamen miteinander vermischen. Die eingeweichten Brötchenhälften nacheinander erst in den Eiern, dann in der Panade wenden und beiseite stellen. Für den Salat die Tomaten blanchieren, häuten, halbieren, Stielansatz und Samen entfernen und das Fruchtfleisch in 1,5 cm große Würfel schneiden. Die Paprikaschoten häuten, wie in der Bildfolge unten beschrieben. Die gehäuteten Schoten halbieren, Samen und Scheidewände entfernen und das Fruchtfleisch in Rauten schneiden. Den Schnittlauch waschen und in etwa 2 cm lange Abschnitte schneiden. Knoblauch, Öl, Essig, Salz und Pfeffer verrühren und unter die Tomaten- und Paprikawürfel mischen. Den Salat mit dem Schnittlauch bestreuen. In einer entsprechend großen Pfanne die Butter zerlassen und die Brötchen darin langsam von beiden Seiten goldbraun braten. Noch heiß zum Tomaten-Paprika-Salat servieren. Mit Basilikumblättern garnieren.

Die Schoten bei 220 °C im vorgeheizten Ofen backen, bis die Haut »Blasen wirft« und leicht bräunt.

Unter einem feuchten Tuch oder in einer Plastiktüte »schwitzen« lassen. Die Haut von oben nach unten abziehen.

Maultaschen mit Steinpilzfüllung

DIE SCHWÄBISCHE LEIBSPEISE – EINMAL NICHT
MIT DER KLASSISCHEN SPINAT-FLEISCH-FÜLLUNG.

Ausdrucksstark und mit dezenter Säure paßt ein Rheingauer Riesling ganz hervorragend zum Pilzgeschmack und zu der cremigen Sauce.

Aus Sicht der Schwaben gibt es darüber keine Diskussion: Sie reklamieren die Erfindung der Maultasche ohne Einschränkung für sich. Objektiv betrachtet, ist die gefüllte Teigtasche aber eine internationale Spezialität. Die Ravioli in Italien, die Piroggen in Rußland, die Won-Tan-Taschen in China – alle gehören sie zur gleichen Familie.

Für den Nudelteig:
250 g Mehl, 2 Eier, 1 Eigelb, 2 EL Öl
1/2 TL Salz, 20 g feingehackte gemischte Kräuter
Wasser nach Bedarf
Für die Füllung:
100 g Zwiebeln, 1 Knoblauchzehe
600 g Steinpilze, 40 g Butter
Salz, frisch gemahlener weißer Pfeffer
3 EL gehackte Petersilie
Für die Schnittlauchsauce:
20 g Schalotten, 20 g Butter
80 ml Weißwein, 250 ml Sahne
Salz, frisch gemahlener weißer Pfeffer
1 EL Schnittlauchröllchen
Außerdem:
1 Eiweiß zum Bestreichen
1 EL Schnittlauchröllchen zum Bestreuen

Die Steinpilze für die Füllung sollten möglichst klein sein, weil sie fester sind und beim Anschwitzen weniger Flüssigkeit absondern.

1. Das Mehl auf eine Arbeitsfläche sieben und in die Mitte eine Mulde drücken. Die Eier, das Eigelb, das Öl, das Salz und die gehackten gemischten Kräuter (Salbei, Thymian, Petersilie und Grün von Frühlingszwiebeln) hineingeben. Alles zu einem glatten Teig verarbeiten, dabei – wenn nötig – noch etwas Wasser

zugeben. Den Teig, in Folie eingewickelt, 1 Stunde im Kühlschrank ruhen lassen.

2. Die Zwiebeln und den Knoblauch fein hacken. Die Steinpilze sorgfältig putzen und in 5 mm große Würfel schneiden. Die Butter zerlassen und die Zwiebel- und Knoblauchwürfel darin glasig anschwitzen. Die Steinpilze 3 bis 4 Minuten mitschwitzen. Salzen, pfeffern und Petersilie einstreuen. Vollständig auskühlen lassen.

3. Für die Sauce die Schalotten schälen und sehr fein hacken. Die Butter in einer Kasserolle zerlassen und die Schalottenwürfel darin hell anschwitzen. Mit Weißwein ablöschen und auf etwa

1 EL einkochen. Die Sahne zugießen und auf die Hälfte reduzieren. Salzen, pfeffern und die Schnittlauchröllchen einstreuen.

4. Den Nudelteig auf einer Arbeitsfläche gleichmäßig dünn ausrollen und aus dem Teig Rechtecke von 6 x 11 cm ausradeln. Auf jedes Teigstück 1 knappen EL Füllung geben und die Ränder mit Eiweiß bestreichen. Die Teigstücke der Länge nach übereinander klappen und die Ränder gut andrücken. Die Teigtaschen in sprudelnd kochendes Salzwasser einlegen und etwa 8 Minuten kochen. Herausnehmen, abtropfen lassen und mit der Schnittlauchsauce anrichten. Mit Schnittlauchröllchen bestreuen und servieren.

Herbst ist Kartoffel-zeit: Frisch vom Feld schmecken sie am besten. Für den Winter sollte man nur unbeschädigte Knollen einlagern. Kartoffeln vertragen weder Frost noch Licht: kühl und luftig auf Lattenrosten untergebracht, halten sie am längsten.

Erdäpfel-Schnecken mit Majoran

DIESES EINFACHE GERICHT AUS DER BÄUERLICHEN KÜCHE ÖSTERREICHS IST AUCH IM ANGRENZENDEN BAYERN VERBREITET.

Statt im Ofen gebackener Kartoffeln können auch am Vortag gekochte Pellkartoffeln verwendet werden. Allerdings enthalten sie mehr Flüssigkeit und brauchen daher einen höheren Mehlanteil, (etwa 450 g), was den Teig zäher und weniger delikat macht. Für nicht ganz strikte Vegetarier: Ein paar Speckwürfel, mit den Zwiebeln angebraten, steigern den Geschmack der Schnecken.

Für den Teig:
1 kg mehligkochende Kartoffeln
2 Eier, 1 TL Salz, 250 g Mehl

Für die Füllung:
400 g Zwiebeln, 60 g Butter, 2 EL gehackte Petersilie
1 EL gehackter Majoran und Dost (wilder Majoran)
Salz, frisch gemahlener Pfeffer

Für den Guß:
1/4 l Sahne, 3 Eier
Salz, frisch gemahlener Pfeffer

Außerdem:
20 g Butter für die Form

Die abgekühlte Zwiebel-Kräuter-Mischung für die Füllung mit einer Palette gleichmäßig auf der ausgerollten Teigplatte verstreichen.

Die Teigplatte in 4 cm breite, etwa 20 cm lange Streifen schneiden. Diese spiralförmig aufrollen und nebeneinander in eine gebutterte Form setzen.

Die Eiersahne nicht über, sondern zwischen die Teigschnecken gießen. So werden sie gleichmäßig gar und trocknen nicht aus.

Die Kartoffeln auf einem Backblech bei 200 °C im Ofen 1 Stunde backen. Herausnehmen, die warmen Kartoffeln aufbrechen und mit einem Löffel aushöhlen. Durch die Kartoffelpresse drücken und auf einer Arbeitsplatte erkalten lassen. Für den Teig in die Mitte der Kartoffeln eine Mulde drücken, Eier und Salz hineingeben, mit etwas Kartoffelmasse verarbeiten und das Mehl darübersieben. Alles mit den Händen zu einem glatten Teig verkneten und 1/4 Stunde ruhen lassen. Für die Füllung die Zwiebeln schälen und fein hakken. Die Butter in einer Pfanne zerlassen und darin die Zwiebeln sowie die gehackten Kräuter 5 Minuten bei geringer Hitze anschwitzen. Mit Salz und Pfeffer würzen und die Masse auskühlen lassen. Den Teig auf einer bemehlten Arbeitsfläche zu einer 5 mm dicken Platte ausrollen und weiterverfahren, wie in den ersten 2 Steps der Bildfolge gezeigt. Bei 200 °C im vorgeheizten Ofen 25 Minuten backen. In der Zwischenzeit für den Guß die Sahne mit den Eiern, Salz und Pfeffer verquirlen. Die Form aus dem Ofen nehmen und den Sahneguß darübergießen, wie im letzten Bild gezeigt. Wieder in den Ofen schieben und bei gleicher Hitze weitere 45 Minuten backen.

Schwammerlknödel

VEGETARISCHE KÜCHE DER TRADITIONELLEN ART: EINE FEINE VARIATION DER BELIEBTEN SEMMELKNÖDEL.

Die besten Knödel, sagt man, kämen aus Böhmen und vermutlich haben auch die Schwammerlknödel auf dem Umweg über eine böhmische Köchin Eingang in die österreichische Küche gefunden. Diese feine Pilzspezialität gibt es jedoch nur im Spätsommer oder Herbst, wenn frische heimische Schwammerl auf den Markt kommen. Am besten schmeckt dieses Gericht natürlich mit Steinpilzen und Pfifferlingen, doch kann man auch andere Pilzarten wie Rotkappe, Maronenröhrling, Birkenpilz oder Ziegenbart unter die Knödelmasse mischen.

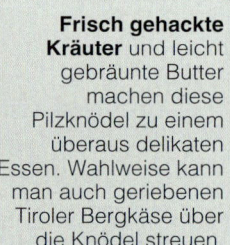

Frisch gehackte Kräuter und leicht gebräunte Butter machen diese Pilzknödel zu einem überaus delikaten Essen. Wahlweise kann man auch geriebenen Tiroler Bergkäse über die Knödel streuen.

Für die Knödel:
200 g Weißbrot ohne Rinde vom Vortag
50 ml Sahne
100 ml Milch
50 g zerlassene Butter
3 Eier
1/2 TL Salz
frisch gemahlener Pfeffer
frisch geriebene Muskatnuß
200 g Pfifferlinge
200 g Steinpilze
20 g Schalotten
1 Knoblauchzehe
50 g Butter
1 EL gehackte Petersilie
1 TL gehackter Oregano
40 g Mehl
Außerdem:
30 g Butter
1 EL gehackte Kräuter zum Bestreuen

1. Das Weißbrot sehr klein würfeln und in eine Schüssel geben. Die Sahne, die Milch und die zerlassene Butter zugießen. Die Eier zufügen und mit Salz, Pfeffer und Muskatnuß würzen. Alles gut vermischen und 1 Stunde weichen lassen.

2. Die Pfifferlinge und die Steinpilze sorgfältig putzen und in 5 mm große Würfel schneiden. Die Schalotten und den Knoblauch schälen und beides fein hacken.

3. In einer Pfanne die Butter zerlassen und Schalotten und Knoblauch darin hell anschwitzen. Die

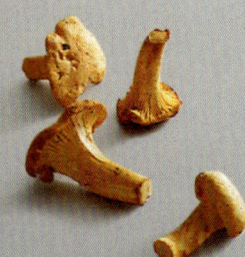

gewürfelten Pilze zugeben und 1 Minute mitbraten, die Kräuter einstreuen und die Mischung
abkühlen lassen.

4. Die abgekühlten Pilze mit dem Mehl zu den
eingeweichten Brotwürfeln geben und alles gut
miteinander vermengen. Aus der Masse mit den
Händen runde Knödel von je etwa 70 g formen.
Die Hände dafür mit etwas Wasser anfeuchten.
Knödel in kochendes Salzwasser einlegen, die
Hitze reduzieren und 12 bis 15 Minuten garziehen
lassen. Fertig sind die Knödel dann, wenn sie an
die Oberfläche steigen.

5. In einem Pfännchen die Butter zerlassen,
leicht bräunen und die gehackten Kräuter (Petersilie und Oregano gemischt) einstreuen. Die Knödel auf vorgewärmte Teller anrichten, mit der
gebräunten Butter übergießen und sofort servieren. Dazu paßt hervorragend ein frischer Salat
wie zum Beispiel Feldsalat mit Zwiebeln und
Cocktailtomaten, angemacht mit einer aromatischen Kräutervinaigrette.

Kaiserschmarren mit Zwetschkenröster

EIN KLASSIKER AUS DEM REICHHALTIGEN REPERTOIRE DER ÖSTERREICHISCHEN MEHLSPEISENKÜCHE.

Sie müssen nicht zwangsläufig als Dessert serviert werden: in Österreich und Süddeutschland haben solche süßen Schmankerln eine lange Tradition und kommen auch als Hauptgericht auf den Tisch. Für das Zwetschgenkompott – das auf österreichisch Zwetschkenröster heißt, mit k! – ist der Herbst die richtige Saison. Nur dann sind wirklich reife Früchte auf dem Markt zu haben, die entsprechend viel eigene Süße und somit auch das richtige Aroma haben. Wenn Kinder mit am Tisch sitzen, sollte man ihnen zuliebe auf den Alkohol im Kompott verzichten, zumindest sollte auf jeden Fall der hochprozentige Pflaumenschnaps wegfallen.

Für den Teig:
180 g Mehl
200 ml Milch
100 ml Sahne
8 Eigelbe

Abgeriebenes und Saft von 1/2 unbehandelten Zitrone
ausgeschabtes Mark von 1 Vanilleschote
1 Messerspitze Salz
3 Eiweiße
50 g Zucker
Für den Zwetschkenröster:
1 kg Zwetschgen
50 ml Wasser
50 ml Weißwein
2 cl Slibowitz (Pflaumenschnaps)
80 g Zucker
1 Prise Zimt
Außerdem:
120 g Butter zum Ausbacken
Puderzucker zum Bestauben

Etwas Teig in die Pfanne gießen und glattstreichen. Farbe nehmen lassen, wenden und fertig backen.

Anschließend den Pfannkuchen mit 2 Pfannenwendern in Stücke zerreißen und warmhalten.

Das Mehl in eine Schüssel sieben und mit der Milch, der Sahne, den Eigelben, der Zitronenschale und dem Zitronensaft, dem Vanillemark und dem Salz zu einem glatten Teig verrühren. Die Eiweiße zu steifem Schnee schlagen, dabei nach und nach den Zucker einrieseln lassen. Den Eischnee mit einem Holzspatel vorsichtig unter den Teig heben. Aus dem Teig 8 Pfannkuchen backen. Dafür etwas Butter in einer Pfanne mit 24 cm Durchmesser zerlassen und weiterverfahren, wie in der Bildfolge links gezeigt. Für den Zwetschkenröster die Zwetschgen unter fließendem Wasser waschen, halbieren und entsteinen. In einem Topf das Wasser, den Weißwein, den Slibowitz und den Zucker erhitzen. Die Zwetschgenhälften und den Zimt zugeben und bei milder Hitze etwa 15 Minuten dünsten, bis die Früchte richtig weich sind und das Fruchtfleisch sich von der Schale löst. Den Kaiserschmarren mit Puderzucker bestauben, mit dem Zwetschkenröster auf Teller anrichten und sofort servieren.

Von den Wirsing-
blättern die dicken
Mittelrippen flach
abschneiden. Die
Blätter auf einer
Arbeitsfläche
ausbreiten, salzen,
pfeffern und das Kasta-
nienpüree darauf
verteilen. Flach
streichen und die
Blätter zu Rouladen
rollen, dabei die
Ränder zur Mitte hin
einschlagen, damit die
Füllung nicht heraus-
quellen kann.

Wirsingrouladen mit Kastanienfüllung

IN FEINER WEISSWEINSAUCE, MIT STEINPILZNUDELN
SERVIERT, EIN HERBSTLICH-ÜPPIGES GERICHT.

Kohl und Kastanien – eine eigenwillige Kombination. Daß der »ordinäre« Wirsinggeschmack mit
dem feinen Kastanienaroma harmonieren soll,
erscheint gewagt, doch die geschmacklichen Ge-
gensätze ergänzen sich aufs beste. Man muß es
einfach ausprobieren.

Für die Füllung:
700 g Eßkastanien, 80 g Stangensellerie
140 g Möhren, 80 g Zwiebeln
1 Knoblauchzehe, 50 g Butter
1 TL Zucker, 1 TL Thymianblättchen
Salz, frisch gemahlener Pfeffer
30 ml Sahne, 200 ml Gemüsefond, 1 Ei
Außerdem:
4 Wirsingblätter, mittelgroß, 30 g Butter
100 ml Weißwein (Dézaley oder Aigle)
250 ml Gemüsefond, 100 ml Sahne
Salz, frisch gemahlener Pfeffer
1 TL Thymianblättchen

**Kastanienernte
im Vergäll.** In diesem
Hochgebirgstal
zwischen Malojapaß
und Chiavenna reifen
Kastanien von ganz
besonderer Qualität.
Frisch geerntet,
schmecken sie am
besten. Wenn sie Mitte
Oktober reif sind, ist die
beste Zeit für die
Premiere der
Wirsingrouladen.

Vollkornnudeln,
die durch im Teig ein-
gearbeitete frische
Steinpilze einen unver-
gleichlich delikaten
Geschmack haben,
sind bestens geeignet,
dieses Gericht zu
vervollkommnen.

1. Kastanien kreuzweise einritzen, bei 220 °C im vorgeheizten Ofen 10 Minuten backen, herausnehmen und noch heiß schälen, dabei die braunen Innenhäutchen mitentfernen. Die Kastanien am besten mit einem Handtuch halten.

2. Stangensellerie putzen. Möhren, Zwiebeln und Knoblauch schälen. Sellerie, Zwiebeln, Knoblauch und 100 g Möhren klein würfeln. Die Butter zerlassen, die Kastanien zugeben, mit Zucker bestreuen und kurz glasieren. Die Gemüsewürfel zufügen, Thymian einstreuen, salzen und pfeffern. Sahne und Fond angießen und zugedeckt bei geringer Hitze etwa 25 Minuten garen, dabei mehrmals umrühren. In eine Schüssel umfüllen, das Ei unterrühren und abschmecken. Die Mischung fein pürieren und die übrige, sehr fein gewürfelte Möhre unterrühren.

3. Die Wirsingblätter in sprudelnd kochendem Salzwasser 8 Minuten kochen, herausnehmen und kalt abschrecken. Weiterverfahren, wie gezeigt.

4. In einem großen Topf die Butter zerlassen, Wirsingrouladen darin von allen Seiten kurz anbraten. Weißwein und Gemüsefond zugießen, die Hitze reduzieren und 15 Minuten schmoren. Die Rouladen herausheben und warmstellen. Die Sauce durch ein Sieb passieren, die Sahne zugießen und sämig einkochen lassen. Salzen, pfeffern und Thymianblättchen einstreuen. Die Rouladen mit der Sauce auf Teller anrichten und nach Belieben mit Nudeln aus Vollkornmehl servieren.

Pilze und Eier auf Rösti

EIN HERBSTLICHER GENUSS: DREI KOMPONENTEN, DIE SICH KULINARISCH HERVORRAGEND ERGÄNZEN.

Ganz entgegen ihrem Namen ist die Totentrompete ein vorzüglicher Speisepilz. Leider sehr schwer zu finden, weil die trichterförmigen, grau- bis braunschwarzen Hohlpilze durch ihre Farbe perfekt getarnt sind. Doch die mühsame Suche lohnt sich, denn sowohl frisch als auch getrocknet überzeugen sie durch ihr intensives Aroma.

Für die Rösti:
800 g festkochende Kartoffeln
Salz, frisch gemahlener Pfeffer, 80 g Butterschmalz
Für die Pilze:
300 g Totentrompeten, geputzt, 30 g Butter
40 g weiße Zwiebel, gehackt
1/2 Knoblauchzehe, gehackt
Salz, frisch gemahlener Pfeffer
1 EL Schnittlauchröllchen
Für die Rühreier:
8 Eier, Salz, frisch gemahlener Pfeffer, 20 g Butter
Außerdem:
1 EL Schnittlauchröllchen, grobzerstoßener Pfeffer

Dünn und knusprig sollte die Rösti-Unterlage sein für diese Kombination mit Rührei und sautierten Pilzen – sie schmeckt hier in jedem Fall besser als eine dicke, weiche.

Wie eine perfekte Rösti beschaffen sein muß, darüber gehen die Meinungen in der Schweiz auseinander. Wichtig ist jedenfalls – abgesehen von Sorte und Menge der Kartoffeln – die richtige Pfanne zu verwenden. Am besten gelingt die Rösti in einer schweren Eisenpfanne.

1. Die Kartoffeln schälen, mit einem Gemüsehobel in feine Stifte schneiden, trockentupfen, salzen und pfeffern. In einer kleinen Pfanne (etwa 15 cm Durchmesser) 20 g Butterschmalz erhitzen, 1/4 der Kartoffeln einfüllen, leicht festdrücken und die Rösti von beiden Seiten goldbraun braten. So 3 weitere Rösti braten.

2. Totentrompeten waschen, gut abtropfen lassen und in Stücke schneiden. Die Butter zerlassen und Zwiebel und Knoblauch darin hell anschwitzen. Die Pilze 2 bis 3 Minuten mitbraten. Salzen, pfeffern und mit Schnittlauch bestreuen.

3. Die Eier mit dem Salz und Pfeffer in einer Schüssel verquirlen. In einer großen Pfanne die Butter zerlassen und die Eier hineingießen. Sobald sie zu stocken beginnen, mit der Bratschaufel ständig rühren und zur Mitte hin schieben, bis das Rührei gleichmäßig cremig aussieht und noch feucht glänzt.

4. Auf vorgewärmte Teller zuerst die gebratenen Rösti legen, das Rührei gleichmäßig darauf verteilen und dieses mit einer Schicht Trompetenpilzen bedecken. Schnittlauchröllchen und Pfeffer darüberstreuen und sofort servieren.

Vom hoch-aromatischen »echten« Trüffelöl genügt eine geringe Menge, um den Risotto im Geschmack erheblich zu intensivieren.

Safranrisotto mit Sommertrüffeln

»STIEFSCHWESTERN« DER BERÜHMTEN EDELPILZE? NEIN. AUCH SOMMERTRÜFFELN SIND ECHTE LECKERBISSEN – NUR VIEL PREISWERTER.

Sommertrüffeln wachsen in Spanien, Italien, den Staaten des ehemaligen Jugoslawien oder auch in Nordafrika. Inzwischen sind sie auf vielen europäischen Wochenmärkten zu bekommen. Ihr akzeptabler Preis gestattet es, sie üppiger zu verwenden: so gleicht die Menge das Quentchen aus, das ihnen an Aroma fehlt. Je nach Geschmack kann durch Zugabe von geriebenem Pecorino toscano eine delikate Variante dieses Risottogerichts erzielt werden.

Für den Risotto:
50 g Schalotten, 30 g Stangensellerie
80 g Zwiebeln, 200 g Sommertrüffeln
80 g Butter, 400 g Vialone-Reis
150 ml Weißwein, 1 bis 1,5 l Gemüsefond
Salz, frisch gemahlener weißer Pfeffer
1/2 Döschen Safranpulver
2 TL Trüffelöl
1 EL gehackte Petersilie

1. Die Schalotten schälen, den Stangensellerie putzen und beides sehr fein würfeln. Die Zwiebeln schälen und sehr fein hacken. Die Sommertrüffeln sorgfältig unter fließendem Wasser abbürsten, bis auch der letzte Rest von Erde herausgespült ist. Wo dies aufgrund tiefer Furchen nicht möglich ist, sollten die Pilze geschält werden.

2. In einem Topf mittlerer Größe 50 g Butter zerlassen und Schalotten und Sellerie darin anschwitzen. Den Reis zuschütten und unter Rühren mitschwitzen, bis er glasig ist. Mit Weißwein ablöschen, diesen etwas reduzieren. Nach und nach den Fond angießen, mit Salz, Pfeffer und Safranpulver würzen und den Reis unter häufigem Umrühren in 12 bis 15 Minuten garen. Kurz vor Ende der Garzeit 1 TL Trüffelöl einrühren.

3. Die restliche Butter und das restliche Trüffelöl in einer Pfanne erhitzen und die Zwiebelwürfel darin glasig anschwitzen. Pilze abtupfen, in dünne Scheibchen hobeln und zu den Zwiebeln geben. Nur kurz mit anbraten, bis sie beginnen, sich zu kräuseln. Salzen und pfeffern.

4. Die Trüffeln können je nach Belieben unter den Risotto gemischt, oder auch separat dazu gereicht werden. Mit gehackter Petersilie bestreuen und sofort servieren.

Risotti sind genügsam. Zumindest was die Menge ihrer Zutaten angeht. Nur bei der Qualität dulden sie keine Zugeständnisse. Ein weiteres Muß: viel Zeit zum Rühren.

Fenchelrisotto

MIT WÜRZIGEM GORGONZOLA – FÜR LIEBHABER DER
AROMATISCHEN KNOLLE EIN GEDICHT.

Fenchel ist das ganze Jahr über in guter Qualität
zu bekommen, entweder aus heimischem Anbau
oder – im Winter – aus Südeuropa, wo er inzwischen vorwiegend als Wintergemüse kultiviert
wird. Im Frühjahr gibt es ihn in Süditalien und
Sizilien, aber auch in Griechenland, auf Kreta und
Zypern sogar wild. Für Anhänger seines Anisaro-
mas eine besondere Delikatesse, denn der in
trockenen Karstgebieten wachsende wilde Fenchel schmeckt noch wesentlich intensiver als der
Gemüsefenchel. Seine Knollen sind kleiner, länglicher und haben viel Wurzeln und Grün. Wer die
Chance hat, im Frühjahr wilden Fenchel auf dem
Markt zu kaufen, sollte dieses Risottorezept auch
einmal damit ausprobieren.

40 g Schalotten	
500 g Fenchelknollen	
80 g Butter	
400 g Avorio-Reis	

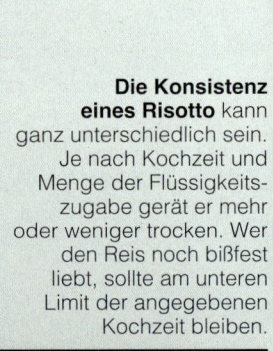

**Die Konsistenz
eines Risotto** kann
ganz unterschiedlich sein.
Je nach Kochzeit und
Menge der Flüssigkeits-
zugabe gerät er mehr
oder weniger trocken. Wer
den Reis noch bißfest
liebt, sollte am unteren
Limit der angegebenen
Kochzeit bleiben.

Frischen Fenchel
erkennt man am
Zustand des fedrigen
Grüns, das frisch und
leuchtend aussehen
sollte. Zudem dürfen die
Schnittstellen an den
Stielen nicht einge-
trocknet sein.

| Salz |
| frisch gemahlener weißer Pfeffer |
| 150 ml Weißwein (Sauvignon) |
| 0,8 bis 1 l Gemüsefond |
| 120 g Gorgonzola |
| 1 EL gehacktes Fenchelgrün |

1. Die Schalotten schälen und in feine Würfel schneiden. Die Fenchelknollen waschen, abtrocknen, den Wurzelansatz und die grünen Stengel abschneiden. Wenn nötig, die harten, äußeren Rippen entfernen. Die Fenchelknollen längs vierteln und quer in feine Streifen schneiden.

2. In einem genügend großen Topf die Butter zerlassen und die Schalottenwürfel und Fenchelstreifen darin glasig anschwitzen. Den Reis zu-

schütten und unter Rühren ebenfalls glasig werden lassen. Leicht salzen und pfeffern und mit dem Weißwein ablöschen.

3. Den Wein im offenen Topf etwa auf die Hälfte einkochen lassen. Etwas Gemüsefond angießen und den Risotto im offenen Topf 15 bis 20 Minuten köcheln lassen, dabei mehrmals umrühren, damit der Reis nicht ansetzt. Während des Kochens den Gemüsefond nach und nach zugießen, der Reis sollte immer gerade von Flüssigkeit bedeckt sein. Abschmecken.

4. Gorgonzola in Scheiben schneiden. Den Fenchelrisotto auf vorgewärmte Teller verteilen, mit einer Scheibe Gorgonzola belegen, mit etwas Fenchelgrün bestreuen und sofort servieren.

Die Paprikaschoten, deren Fruchtfleisch reich an Vitamin C ist, sind selten als »Bio«-Ware zu bekommen. Alternative für Hobbygärtner: Paprika gedeiht an sonnigen, geschützten Plätzen auch im eigenen Garten oder auf warmen Balkons.

Risotto mit Paprikagemüse

EIN VEGETARISCHER ALLROUNDER: AUSGEWOGEN IN BALLAST-STOFFEN, VITAMINEN UND WERTVOLLEN FETTSÄUREN.

Für den Italiener ist ein Risotto kein beliebiges Gericht, sondern geradezu eine Lebensanschauung. Naheliegend, daß über seine »richtige« Zubereitung vehement gestritten wird: wie flüssig muß ein Risotto sein? Kocht man ihn besser im geschlossenen Topf oder rührt man ihn offen? So oder so – bei der Zugabe von Flüssigkeit – in diesem Fall Weißwein und Gemüsefond – sollte man in jedem Fall flexibel bleiben.

Für den Risotto:
80 g Zwiebeln
50 g Butter
400 g Arborio-Reis
150 ml Weißwein
1 bis 1,5 l Gemüsefond
1 TL Salz
frisch gemahlener weißer Pfeffer
Für das Paprikagemüse:
600 g rote Paprikaschoten
50 g Schalotten, 2 EL Öl
1/2 TL Salz
frisch gemahlener weißer Pfeffer
100 ml Weißwein
1 EL Tomatenmark
1 TL Paprikamark
1 EL gehackte Kräuter
Außerdem:
40 g frisch gehobelter oder geriebener Pecorino sardo

1. Für den Risotto die Zwiebeln schälen und fein hacken. Butter in einem entsprechend großen Topf zerlassen und die Zwiebeln darin glasig schwitzen. Den Reis dazugeben und unter ständigem Rühren ebenfalls glasig werden lassen.

2. Mit Weißwein ablöschen und die Flüssigkeit im offenen Topf einkochen lassen. Die Hälfte des Gemüsefonds zugießen und den Reis bei mittlerer Hitze unter wiederholtem Rühren garen, bis die Flüssigkeit fast verdampft ist. Den restlichen Gemüsefond angießen und unter erneutem Rühren weiterköcheln lassen. Bis der Risotto gar ist, dauert es insgesamt etwa 20 Minuten. Mit Salz und Pfeffer würzen.

3. Für das Paprikagemüse die Schoten bei 220 °C im vorgeheizten Ofen backen, bis die Haut »Blasen wirft« und leicht anbräunt. Herausnehmen und die Schoten unter einem feuchten Tuch oder in einer Plastiktüte »schwitzen« lassen und von oben nach unten häuten. Längs halbieren, Samen und Scheidewände entfernen und das Fruchtfleisch in 1,5 cm große Quadrate schneiden. Die Schalotten schälen, fein hacken. In einer Pfanne das Öl erhitzen und die Schalotten darin hell anschwitzen. Die Paprikawürfel zugeben und unter Rühren 2 bis 3 Minuten mitschwitzen. Salzen und pfeffern. Den Wein angießen, Tomaten- und Paprikamark einrühren und weitere 2 bis 3 Minuten gardünsten. Die Kräuter (Basilikum, Petersilie, Rosmarin, Thymian) einstreuen. Den Risotto auf vorgewärmte Teller anrichten, das Paprikagemüse über den Reis verteilen, mit dem Käse bestreuen und servieren.

Rotes Gemüse auf weißem Reis: Nicht nur optisch ist es schöner, wenn der Paprika nicht mit dem Risotto vermischt wird, auch geschmacklich ergibt es so eine eigene Note.

Risotto mit Spinat und Gorgonzola

TRADITIONELL IN DER ZUSAMMENSTELLUNG – DOCH EINER DER BESTEN RISOTTI ÜBERHAUPT.

Voraussetzung für das Gelingen dieses Gerichts ist zarter, ganz frischer Spinat, ein hochwertiges, kaltgepreßtes Olivenöl und selbstverständlich ein guter Reis: zum Beispiel Vialone nano semifino, wobei die Bezeichnung »semifino« überhaupt nichts mit der Qualität des Reises zu tun hat, son-

Schön zerlaufen soll der Käse auf dem Risotto – bevor er zum Schluß kurz untergerührt wird. Was die Konsistenz anbelangt, sollte man einkalkulieren, daß der Risotto noch etwas anzieht, während der Käse schmilzt, er sollte also vorher eher flüssiger als zu trocken sein.

dern sich lediglich auf die Größe des Reiskorns bezieht. Ebenso gut geeignet für einen Risotto ist der etwas großkörnigere Carnaroli superfino, dessen Körner allerdings weniger Flüssigkeit absorbieren, weswegen der Reis nach dem Kochen noch etwas mehr Biß hat.

Gabriele Ferron, Reismühlenbesitzer in der Gegend von Verona und Risotto-Koch par excellence, kocht seine Risotti relativ trocken, doch ist dies keine Empfehlung, schließlich kann jeder seinen Risotto in der von ihm gewünschten Konsistenz zubereiten.

400 g Spinat, 40 g Zwiebel
2 Knoblauchzehen, 3 EL Olivenöl »extra vergine«
400 g Vialone nano semifino
Salz, frisch gemahlener Pfeffer
1 l Gemüsefond
30 g frisch geriebener Parmesan
200 g Gorgonzola piccante

1. Den Spinat putzen, gründlich waschen und in kochendem Salzwasser blanchieren. Herausheben, abtropfen lassen und das Wasser sorgfältig ausdrücken. Den Spinat fein hacken. Zwiebel und Knoblauchzehen schälen, ebenfalls fein hacken.

2. Das Olivenöl in einem Topf erhitzen und die Zwiebel- und Knoblauchwürfel darin glasig anschwitzen. Gehackten Spinat zufügen und kurz mitschwitzen. Den Reis zuschütten und unter Rühren glasig werden lassen. Gemüsefond zugießen und einmal aufkochen lassen. Dann die Hitze reduzieren und den Risotto 15 bis 20 Minuten köcheln lassen. Zwischendurch wieder-holt umrühren, damit der Reis nicht am Topfboden anhängt.

3. Geriebenen Parmesan untermischen, salzen und pfeffern. Gorgonzola in Stücke schneiden, auf den Risotto legen und bei geschlossenem Topf schmelzen lassen. Aufdecken, den Käse unterrühren und den Risotto sofort servieren.

Mais ist ein Gras-gewächs, das ursprünglich aus Südamerika stammt. Nach Europa brachten ihn die Spanier und Portugiesen erst im 16. Jahrhundert von ihren Entdeckungs-fahrten in die Neue Welt mit.

Polentaschnitten mit Steinpilzfüllung

RAFFINIERTE EDELVERSION EINES EHEMALIGEN ARME-LEUTE-ESSENS.

Gekochter Maisgrieß zählte in Norditalien über Jahrhunderte zu den preiswertesten Nahrungsmitteln. Allerdings wird er heute oftmals nur noch als Beilage serviert. In diesem Rezept hingegen steht die Polenta, begleitet von einer fruchtigen Tomatensauce, im Mittelpunkt. Die für die Füllung verwendeten frischen Steinpilze können außerhalb der Saison durch getrocknete ersetzt werden. Dann genügt allerdings 1/3 der angegebenen Menge; außerdem müssen die getrockneten Pilze vor der Weiterverarbeitung eingeweicht werden.

Für die Polenta:
3/4 l Milch, 1/2 TL Salz
frisch geriebene Muskatnuß
80 g Butter, 150 g Maisgrieß (mittlere Körnung)
1 TL Olivenöl
Für die Pilzfüllung:
250 g frische, geputzte Steinpilze, 50 g Schalotten
1 Knoblauchzehe, 20 g Butter
1 EL gehackte Petersilie, 1 TL Thymianblättchen
Salz, frisch gemahlener Pfeffer
2 EL Sahne, 80 g Fontina
Für die Panade:
Mehl, 2 Eier, verquirlt, Semmelbrösel
Für die Tomatensauce:
600 g Tomaten, 60 g Zwiebel, 1 Knoblauchzehe
3 EL Olivenöl, 1 EL gehackte Kräuter
Salz, frisch gemahlener Pfeffer
Außerdem:
1/8 l Sonnenblumenöl

1. Die Milch mit Salz, Muskat und Butter aufkochen. Vom Herd nehmen und den Maisgrieß mit einem Schneebesen einrühren. Bei geringer Hitze unter ständigem Rühren 10 Minuten quellen lassen. Den Maisbrei auf einem mit Öl gefettetem Blech 1 cm dick verstreichen und erkalten lassen.

2. Die Steinpilze grob hacken. Die Schalotten schälen und fein würfeln, den Knoblauch schälen und zerdrücken. Die Butter in einer Kasserolle zerlassen, Schalotten und Knoblauch darin hell anschwitzen. Die Steinpilze zugeben und unter mehrmaligem Umrühren braten, bis die Masse relativ trocken ist. Die Kräuter zufügen, salzen und pfeffern. Die Sahne zugießen, kurz aufkochen lassen und vom Herd nehmen. Den Käse in kleine Würfel schneiden und in die leicht abgekühlte Masse einrühren.

3. Die erkaltete Polenta in 7 x 10 cm große Rechtecke schneiden, die Hälfte davon mit der Pilzfüllung bestreichen, jeweils mit einem der übrigen Polentastücke bedecken und leicht andrücken. Zum Panieren die gefüllten Schnitten nacheinander in Mehl, Eiern und Semmelbrösel wenden.

4. Für die Sauce die Tomaten blanchieren, häuten, Samen und Stielansatz entfernen und das Fruchtfleisch würfeln. Die Zwiebel und den Knoblauch schälen und fein würfeln. Das Öl in einer Kasserolle erhitzen, Zwiebel und Knoblauch darin glasig anschwitzen. Tomaten und Kräuter zugeben, salzen und pfeffern, kurz aufkochen lassen und warm stellen.

5. Das Öl in einer beschichteten Pfanne erhitzen und die Polentaschnitten darin langsam von allen Seiten goldbraun anbraten. Mit der Sauce servieren. Damit harmoniert hervorragend ein Salat aus frischen Wildkräutern.

Makkaroni-Gemüse-Gratin

EIN FEINES OFENGERICHT: UNTER DER LEICHTEN KÄSE-
KRUSTE VERBINDEN SICH DIE AROMEN AUFS BESTE.

Den besonderen Geschmack der Gemüsemischung für dieses vegetarische Nudelgratin bringt
der Cima di Rapa mit, eine Kohlsorte, die in den
italienischen Provinzen Kampanien und Apulien
kultiviert wird. Sie ist im Herbst ab und zu auch
auf unseren Märkten erhältlich. Verwendet werden sowohl die Stiele als auch die Blätter und Blü-
tenstände, die dem Brokkoli sehr ähnlich sehen.
Neben seinem kräftigen Kohlgeschmack hat der
Cima di Rapa eine bittere Komponente und harmoniert so ganz hervorragend mit Zwiebeln,
Knoblauch und Tomaten.

80 g Zwiebeln, 2 Knoblauchzehen
40 g Stangensellerie
3 EL Olivenöl
400 g Cima di Rapa, 1/4 l Gemüsefond
650 g Tomaten
Salz, frisch gemahlener Pfeffer
300 g Maccheroncini
Für die Sauce:
10 g Butter, 15 g Mehl, 1/4 l Milch
Salz, frisch gemahlener weißer Pfeffer
frisch geriebene Muskatnuß
1 Eigelb, 50 ml Sahne
20 g frisch geriebener Casena di Valtelina
1 EL geschlagene Sahne
Außerdem:
Butter für die Form
30 g frisch geriebener Pecorino
20 g Butterflöckchen
1 TL gehackter Oregano
grob zerstoßener Pfeffer

1. Zwiebeln und Knoblauch schälen und fein
hacken. Den Sellerie putzen, die gröbsten Fäden

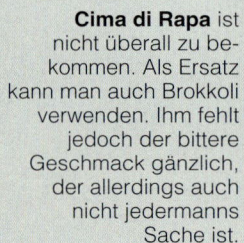

Cima di Rapa ist
nicht überall zu be-
kommen. Als Ersatz
kann man auch Brokkoli
verwenden. Ihm fehlt
jedoch der bittere
Geschmack gänzlich,
der allerdings auch
nicht jedermanns
Sache ist.

entfernen und klein würfeln. Das Öl in einem
Topf erhitzen und die Zwiebel-, Knoblauch- und
Selleriewürfel darin 2 Minuten anschwitzen.

2. Cima di Rapa putzen, die Stiele in etwa 6 cm
lange Stücke schneiden, dickere Stiele halbieren.
Die jüngeren, zarteren Blätter und die Röschen
ganz lassen, die größeren Blätter zerkleinern. Die
Stiele in einen Topf geben, den Fond angießen
und 20 Minuten köcheln lassen. In der Zwischenzeit die Tomaten blanchieren, häuten, vierteln, Stielansatz und Samen entfernen und die
Viertel quer halbieren. Die Tomaten mit den

Kohlblättern und -röschen in den Topf geben und weitere 5 Minuten köcheln lassen. Mit Salz und Pfeffer würzen.

3. Die Maccheroncini in sprudelnd kochendem Salzwasser al dente kochen, abgießen und kalt abschrecken. Mit dem Gemüse vermischen und in eine gebutterte Auflaufform füllen.

4. Für die Sauce die Butter in einer Kasserolle zerlassen und das Mehl darin unter ständigem Rühren 1 bis 2 Minuten farblos anschwitzen. Die Milch zugießen, glattrühren und mit Salz, Pfeffer und Muskatnuß würzen. Etwa 20 Minuten unter Rühren köcheln lassen. Das Eigelb mit der Sahne verquirlen und die Sauce damit legieren. Einmal kräftig aufkochen lassen und die Sauce durch ein Sieb passieren. Erneut erhitzen, den Käse einstreuen und unter Rühren schmelzen. Zuletzt die geschlagene Sahne vorsichtig unterziehen.

5. Die Sauce über die Gemüse-Nudel-Mischung gießen, den Pecorino darüber verteilen und mit Butterflöckchen belegen. Bei 200 °C im vorgeheizten Ofen 20 Minuten überbacken. Mit Oregano und Pfeffer bestreuen und servieren.

Cannelloni mit Pilzfüllung

SCHMACKHAFTE TEIGROLLEN MIT EINER FARCE AUS
AROMATISCHEN WALDPILZEN.

Im Herbst, wenn frische Pilze auf den Markt kommen, haben diese delikat gefüllten Cannelloni Saison. Sie können wie üblich in einer entsprechend großen Auflaufform für 4 Portionen gebacken werden oder auch in Portionsförmchen. Dafür sind die kleinen feuerfesten Formen, wie sie normalerweise für Eiergerichte verwendet werden, bestens geeignet.

Für den Teig:
70 g Hartweizengrieß, 70 g Weizenmehl Type 405
1 Ei, 1 Eigelb, Salz
Für die Füllung:
80 g Zwiebeln, 1 Knoblauchzehe
300 g gemischte Pilze, 100 g geputzter Spinat
30 g Butter
40 g feingewürfelter Lauch, 100 ml Sahne
1/2 TL Salz, frisch gemahlener weißer Pfeffer
1 bis 2 Stangen Lauch
Für die Sauce:
250 ml Sahne, 1 Eigelb
Salz, frisch gemahlener weißer Pfeffer
1 EL frisch gehackte Petersilie
Außerdem:
4 feuerfeste Förmchen, Butter für die Förmchen

Blanchierte Lauchblätter sind das geschmackliche Geheimnis dieses Rezepts: Man legt sie auf die Teigblätter, gibt die Füllung darauf und rollt das Ganze zu Cannelloni auf.

1. Für den Nudelteig Grieß und Mehl gut vermischen und mit den restlichen Zutaten zu einem glatten Teig verkneten. In Klarsichtfolie wickeln und 1 Stunde im Kühlschrank ruhen lassen.

2. Zwiebeln und Knoblauch schälen und fein hacken. Die Pilze (zum Beispiel Pfifferlinge, Steinpilze, Maronen-Röhrlinge) sorgfältig putzen und in kleine Würfel schneiden. Spinat waschen, gut abtropfen lassen und fein hacken.

3. Die Butter in einer Pfanne zerlassen. Zwiebeln und Knoblauch darin glasig anschwitzen. Die Pilze 3 Minuten mitbraten, anschließend den Spinat und den gewürfelten Lauch zufügen und durchschwenken. Sahne angießen, salzen und pfeffern und 3 bis 4 Minuten einkochen. Die Mischung vom Herd nehmen und auskühlen lassen.

4. Die Lauchstangen putzen und vom unteren, hellen Teil ein etwa 12 cm langes Stück abschneiden. Von diesem vorsichtig 8 Blätter lösen und diese in siedendem Salzwasser 4 Minuten kochen. Herausnehmen, kalt abschrecken und gut abtropfen lassen.

5. Den Teig auf einer bemehlten Arbeitsfläche dünn ausrollen und 8 Rechtecke von 9 x 14 cm ausschneiden. Diese in sprudelnd kochendem Salzwasser 2 Minuten garen, aus dem Wasser nehmen und auf einem feuchten Küchentuch ausbreiten. Jedes Teigstück mit einem Lauchblatt belegen, die Pilzfüllung darauf verteilen und zu Cannelloni aufrollen.

6. Für die Sauce die Sahne in einen Topf geben und so lange köcheln, bis die Flüssigkeit um 1/3 reduziert ist. In einer kleinen Schüssel das Eigelb verquirlen und 1 EL heiße Sahne unterrühren. Die Mischung mit der heißen Sahne vermengen, dabei darf die Sauce nicht mehr kochen. Salzen und pfeffern und die gehackte Petersilie einstreuen.

7. Je 2 Cannelloni in die gebutterten, feuerfesten Förmchen legen und mit der Sauce übergießen. Bei 200 °C im vorgeheizten Ofen 12 Minuten backen, die letzte Minute unter den Grill stellen, damit die Oberfläche schön bräunt.

Ricotta, ein italienischer Frischkäse, wird aus Schaf- oder Kuhmilchmolke gewonnen. Traditionellerweise wurde die geronnene Molke zum Ablaufen in Bastkörbchen gefüllt, heutzutage übernehmen Plastikformen diese Funktion.

Vollkorn-Tortelloni mit Ricotta-Kräuter-Füllung

EINE FRUCHTIGE TOMATENSAUCE HARMONIERT BESTENS MIT DER WÜRZIGEN KÄSEFÜLLUNG.

Nudelteig aus Vollkornmehl ist kräftiger im Geschmack und »rauher« als mit ausgemahlenem Weißmehl hergestellter. Auch braucht er zusätzlich zu den Eiern noch etwas Wasser, weil das Vollkornmehl mehr Flüssigkeit »schluckt«.

Für den Nudelteig:
300 g Weizenvollkornmehl
3 Eier, 1 TL Salz, 2 EL Wasser
Für die Füllung:
400 g Ricotta
1 Ei, 1 Eigelb
100 g frisch geriebener Pecorino toscano
3 EL gehacktes Basilikum
2 EL gehackte Petersilie
je 1 1/2 TL Thymian- und Oreganoblättchen
1 Prise frisch geriebene Muskatnuß
Salz, frisch gemahlener Pfeffer
Für die Sauce:
500 g Tomaten
1 EL Olivenöl
60 g feingehackte Schalotten
1 feingehackte Knoblauchzehe
1 EL Tomatenmark
1 Thymianzweig
1 Lorbeerblatt
Salz, frisch gemahlener Pfeffer
Außerdem:
1 Eiweiß zum Bestreichen, 3 EL Butter
100 g schwarze Oliven
50 g frisch gehobelter Pecorino toscano
1 EL gehackte Basilikumblätter

Aus den angegebenen Zutaten einen geschmeidigen Nudelteig herstellen und, in Folie gewickelt, mindestens 1 Stunde kühl ruhen lassen. Für die Füllung Ricotta, Ei und Eigelb verrühren. Pecorino, Kräuter und Gewürze untermischen. Die Tortelloni formen und füllen wie in der Bildfolge gezeigt. Die Tortelloni bis zur Weiterverarbeitung

auf ein bemehltes Brett legen und mit Klarsichtfolie abdecken. Für die Sauce die Tomaten blanchieren, häuten, halbieren, Samen und Stielansatz entfernen. Das Olivenöl erhitzen, Schalotten und Knoblauch darin anschwitzen. Tomaten und Tomatenmark unterrühren, Thymianzweig und Lorbeerblatt einlegen und 25 Minuten leise köcheln lassen. Die Kräuterzweige entfernen und die Tomaten durch ein feines Sieb passieren. Die Sauce salzen, pfeffern und warmhalten. Reichlich Salzwasser zum Kochen bringen und die Tortelloni darin in etwa 8 Minuten gar kochen. Abgießen und gut abtropfen lassen. In der geschmolzenen Butter kurz durchschwenken. Mit der Tomatensauce und den Oliven auf Teller anrichten und mit gehobeltem Pecorino und gehacktem Basilikum bestreuen.

Den Nudelteig mit dem Rollholz oder in der Nudelmaschine dünn ausrollen und Plätzchen von 7 cm Durchmesser ausstechen.

Auf jedes Teigplätzchen mit dem Dressiersack ein nußgroßes Stück Füllung spritzen. Die Ränder mit Eiweiß bestreichen.

Die runden Teigplätzchen einmal quer zusammenfalten und dabei die Ränder der Tortelloni gut festdrücken.

Eierstich mit Kräutern und Steinpilzen

DER ZARTE, SÄMIGE AUFLAUF MIT VIEL MILCH UND SAHNE IST EINE SPEZIALITÄT AUS NORDITALIEN.

Vor allem im Piemont wird der luftige Kräuterflan gern zu gebratenen Steinpilzen gegessen. Meist als kleine Vorspeise – doch in Kombination mit reichlich frischem Blattsalat kann das Gericht auch als delikates Hauptgericht serviert werden.

2 Lorbeerblätter, 1 Salbeiblatt
1 kleiner Rosmarinzweig, 2 Stengel Petersilie
1/4 l Milch, 3/4 l Sahne
20 g Schalotte, 1/2 Knoblauchzehe, 20 g Butter
1 gehäufter EL feingehackte Kräuter
50 g frisch geriebener Parmigiano Reggiano
6 Eigelbe, 6 Eiweiße
Salz, frisch gemahlener weißer Pfeffer
1 Prise frisch geriebene Muskatnuß
Außerdem:
Butter für die Form
400 g frische Steinpilze, 50 g Butter
Salz, frisch gemahlener Pfeffer
1 Bund glattblättrige Petersilie, fein gehackt

Frische Pilze und Kräuter. Im Spätsommer und frühen Herbst, wenn die samtigbraunen Steinpilze in bester Qualität, nämlich jung und festfleischig, auf den Markt kommen, ist die richtige Zeit für diese Delikatesse.

1. Die Kräuter zu einem Gewürzsträußchen binden. Milch und Sahne aufkochen, das Sträußchen einlegen, die Mischung bei geringer Hitze auf die Hälfte reduzieren. Das Sträußchen herausnehmen und die Sahnemilch etwas abkühlen lassen.

2. Schalotte und Knoblauch schälen und sehr fein hacken. In einem kleinen Pfännchen die Butter zerlassen und Schalotten- und Knoblauchwürfel darin hell anschwitzen. Die gehackten Kräuter (Salbei, Rosmarin, Petersilie, Schnittlauch) einstreuen und kurz mitschwitzen.

3. Die Kräutermischung in die Sahnemilch einrühren. Geriebenen Parmesan und Eigelbe unterrühren. Eiweiße mit Salz, Pfeffer und Muskat steif schlagen und den Eischnee unter die Eigelbmasse heben. Eine rechteckige Auflaufform mit Butter ausfetten, die Masse einfüllen und bei 200 °C im vorgeheizten Ofen 35 bis 40 Minuten backen, bis die Oberfläche leicht gebräunt ist.

4. Inzwischen die Steinpilze sorgfältig putzen, nur wenn unbedingt nötig waschen. Die Stiele abtrennen und in dünne Scheiben schneiden, die Hüte in größere Stücke teilen. In einer Pfanne die Butter zerlassen und die Pilze darin 4 bis 5 Minuten anbraten. Mit Salz und Pfeffer würzen und die gehackte Petersilie einstreuen. Mit dem Eierstich auf vorgewärmte Teller anrichten und servieren.

Pizza verdura

DIE MÖGLICHKEITEN FÜR EINE GEMÜSEPIZZA SIND LEGION. ERLAUBT IST, WAS GEFÄLLT.

Die Mutter aller Pizzen war Vegetarierin: die Sfincione aus Sizilien ist nur mit Tomaten, Käse, Knoblauch und Oregano belegt.

Daher ist dieses Rezept nur Anregung zum kreativen Ausprobieren. Keine großen Experimente duldet dagegen der Teig. Er braucht Zeit und will eine Weile in Ruhe gelassen werden. Er ist so konzipiert, daß er eigentlich in jedem Ofen ein Erfolg werden sollte.

Für den Pizzateig:
(ergibt 2 ovale Pizzen von je 30 x 25 cm)
300 g Mehl, 20 g Hefe
1/8 l lauwarmes Wasser, 1/2 TL Salz, 2 EL Olivenöl
Für die Tomatensauce:
250 g Tomaten, 1 Peperoni
60 g Zwiebel, 1 Knoblauchzehe
2 EL Olivenöl, 1 EL Tomatenmark
1/2 TL Salz, frisch gemahlener weißer Pfeffer
2 EL gehackte Kräuter
Für den Gemüsebelag:
150 g Zwiebeln, 1 Knoblauchzehe
je 80 g rote, gelbe und grüne Paprikaschoten
150 g Aubergine, 150 g Zucchini
300 g Flaschentomaten, 3 bis 4 EL Olivenöl
Salz, frisch gemahlener Pfeffer
Außerdem:
50 g schwarze Oliven, 200 g Mozzarella, in Scheiben
80 g grobgehackter sardischer Schafkäse
Salz, grobzerstoßener schwarzer Pfeffer
1 EL gehackte Kräuter, 2 EL Olivenöl zum Beträufeln

1. Das Mehl in eine Schüssel sieben, in die Mitte eine Mulde drücken und darin die zerbröselte Hefe mit dem lauwarmen Wasser auflösen. Mit Mehl bestauben, mit einem Tuch bedecken und

Ein guter Grundteig auf der Basis von frischer Hefe ist für das Gelingen der Pizza mindestens ebenso wichtig wie der Belag. Sollte mal keine frische Hefe im Haus sein – sie schmeckt einfach besser – ist die länger haltbare Trockenhefe eine brauchbare Notlösung.

an einem warmen Ort gehen lassen, bis die Oberfläche Risse zeigt. Salz und Öl zugeben, mit dem Mehl und dem Hefeansatz verrühren und alles auf einer bemehlten Arbeitsfläche zu einem glatten Teig verkneten. Nochmals gehen lassen, bis der Teig doppeltes Volumen erreicht hat.

2. Für die Sauce die Tomaten blanchieren, häuten, Stielansatz und Samen entfernen und das Fruchtfleisch würfeln. Die Peperoni halbieren, Samen und Scheidewände entfernen und fein hacken. Zwiebel und Knoblauchzehe schälen und ebenfalls fein hacken. Das Öl erhitzen und Zwiebel- und Knoblauchwürfel darin hell anschwitzen. Die Tomaten zugeben und 10 Minuten dünsten. Das Tomatenmark einrühren, salzen und pfeffern, Kräuter (Basilikum, Petersilie, Rosmarin, Thymian) und Peperoni einstreuen und weitere 5 Minuten mitdünsten.

3. Für den Gemüsebelag die geschälten Zwiebeln halbieren und in Stücke, den ebenfalls geschälten Knoblauch in feine Scheiben schneiden. Die Paprikaschoten waschen, Samen und Scheidewände entfernen und das Fruchtfleisch in Streifen schneiden. Von Aubergine und Zucchini Blüten- und Stielansätze entfernen. Die Aubergine in 1,5 cm große Würfel, die Zucchini in 2 mm dünne Scheiben schneiden. Die Tomaten blanchieren, häuten und vierteln. Das Öl erhitzen und Zwiebeln und Knoblauch darin hell anschwitzen. Die Auberginenwürfel zugeben und 2 bis 3 Minuten mitbraten. Paprikastreifen untermischen, salzen, pfeffern und abkühlen lassen.

4. Den Hefeteig halbieren, zu 2 ovalen Fladen ausrollen und mit der bemehlten Hand von innen nach außen etwas auseinander ziehen. Mehrmals mit einer Gabel einstechen. Je einen Fladen auf ein Backblech legen, mit der Tomatensauce bestreichen und die Gemüse darauf verteilen. Die Oliven und die Mozzarellascheiben auf die Pizzen legen. Den Schafkäse darüber streuen, salzen, pfeffern und mit den Kräutern (Basilikum, Oregano, Salbei, Thymian) bestreuen. Mit Olivenöl beträufeln und im vorgeheizten Ofen bei 220 °C etwa 25 Minuten backen.

Ein Kugelausstecher
eignet sich perfekt
zum Aushöhlen der
Zucchinihälften.
Aber ein kleiner
scharfkantiger Löffel
tut es auch.

Zucchini mit Polentafüllung

EIN KOMPLETTES VEGETARISCHES HAUPTGERICHT, DAS EBENSO AUTHENTISCH ITALIENISCH WIE PREISWERT IST.

Schnell, gut und lecker. Weder Vor- noch Zubereitung dieses Rezepts sind sonderlich aufwendig. Alternativen? Ja: wer Pecorino toscano nicht bekommt, kann auf Pecorino romano ausweichen, nicht aber auf dessen zu intensiven sardischen Vetter. Und: Natürlich kann man Polenta auch mit Wasser kochen, aber ein Gemüsefond wirkt hier geschmacklich runder.

2 Zucchini (je 350 g)
Für die Polentafüllung:
30 g getrocknete Steinpilze
50 g Stangensellerie, 150 g Möhren
100 g Frühlingszwiebeln
1 Knoblauchzehe, 2 EL Olivenöl
100 g Polenta (Maisgrieß), 400 ml Gemüsefond
1 TL gehackte Thymianblättchen
1/2 TL gehackter Rosmarin
1 TL Salz, frisch gemahlener weißer Pfeffer
Außerdem:
50 g frisch geriebener Pecorino toscano
20 g Butterflöckchen
200 ml Gemüsefond

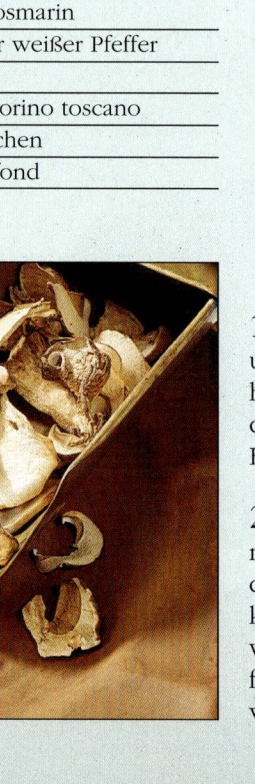

Solche Zucchini –
schmackhaft mit
Gemüse und Polenta
gefüllt und goldbraun
überbacken – lassen
leicht auf Fleisch
verzichten.

**Das ausgeprägte
Aroma** dieses Gerichts
rührt von den Steinpilzen her, mit denen
man daher nicht geizen
sollte. Wegen ihrer
kurzen Saison ist ein
Ausweichen auf
Trockenware oft unvermeidbar. Wer in puncto
Qualität ganz sicher
gehen will, der sammelt
und trocknet seine
Pilze im Herbst selbst.

1. Die Zucchini waschen, Stielansatz entfernen und der Länge nach halbieren. Die Hälften aushöhlen, wie links oben gezeigt. Es soll nur eine dünne Außenwand stehenbleiben. Das ausgelöste Fruchtfleisch in kleine Würfel schneiden.

2. Die Steinpilze in 100 ml lauwarmem Wasser mindestens 15 Minuten einweichen. Abgießen, dabei das Einweichwasser auffangen. Die Pilze klein hacken. Den Stangensellerie putzen und von den äußeren Stangen die gröbsten Fäden entfernen. Möhren schälen und beide Gemüse klein würfeln. Die Frühlingszwiebeln putzen, in dünne

Ringe schneiden, dabei weiße und grüne Abschnitte trennen. Die Knoblauchzehe schälen und fein hacken.

3. Das Olivenöl in einem großen Topf erhitzen und das Weiße der Frühlingszwiebeln, den Knoblauch, die Zucchini-, Sellerie- und Möhrenwürfel darin hell anschwitzen. Den Maisgrieß einrühren und leicht anrösten. Die Steinpilzwürfel zugeben und das aufgefangene Einweichwasser und den Gemüsefond angießen. Einmal kurz aufkochen lassen und den Grieß bei geringer Hitze zugedeckt weitere 15 Minuten quellen lassen, dabei

gelegentlich umrühren. Thymian und Rosmarin sowie das Grüne der Frühlingszwiebeln unter die Polenta rühren und mit Salz und Pfeffer würzen.

4. Die Zucchinihälften innen leicht salzen. Die Polenta-Gemüse-Mischung in die Zucchinihälften einfüllen. Den Gemüsefond in eine Auflaufform gießen und die gefüllten Zucchinihälften hineinsetzen. Mit Pecorino bestreuen und mit Butterflöckchen belegen. Bei 200 °C im vorgeheizten Ofen 20 bis 25 Minuten backen, bis die Oberfläche der Füllung eine schöne goldbraune Farbe angenommen hat. Anrichten und servieren.

Fettuccine mit weißen Trüffeln

SELBSTGEMACHTE NUDELN MIT SCHEIBCHEN DES EDLEN PILZES – EIN WAHRER LUXUS.

Schon allein mit Butter und reichlich frisch geriebenem Käse, wären die Fettuccine ein gutes Essen. Zur exquisiten Delikatesse werden sie durch die teuerste aller Trüffeln. Das extrem starke Aroma der weißen Tüffel ist durchaus nicht jedermanns Sache. Doch Liebhaber der begehrten Knolle – einmal ihrem Duft und Geschmack verfallen – werden die exorbitanten Kosten nicht scheuen und sich dieses Gericht im Spätherbst, zur Trüffelzeit, immer wieder einmal leisten.

In hauchdünnen Blättchen kommen die Trüffeln über die Nudeln, am besten geht dies mit einem Trüffelhobel. Eine verbindliche Mengenangabe ist schwer möglich – das ist nicht zuletzt eine Kostenfrage und bleibt jedem selbst überlassen. Doch etwa 15 g pro Portion sollten es schon sein.

Für den Nudelteig:
300 g doppelgriffiges Weizenmehl Type 405
2 Eier, 4 Eigelbe
1/3 TL Salz, 1 EL Wasser nach Bedarf

Die Trüffelqualität von außen zu beurteilen, ist kein leichtes Unterfangen. Schwer und fest sollten sie sein, auf keinen Fall dürfen sich die Trüffeln schwammig anfühlen. Größere Exemplare sollte man sich quer durchschneiden lassen, denn nicht selten stecken die sündhaft teuren Pilze voll Maden.

Für die Sauce:
1/4 l Sahne, 2 rote Chilischoten, 1 TL Trüffelöl
Salz, frisch gemahlener weißer Pfeffer
Außerdem:
etwa 60 g weiße Trüffel
1 EL Basilikum, in feine Streifen geschnitten
frisch geriebener Parmigiano reggiano nach Belieben

1. Das Mehl auf eine Arbeitsfläche häufen, in die Mitte ein Mulde drücken. Eier, Eigelbe und Salz hineingeben. Mit einer Gabel verrühren, dabei das Mehl vom Rand her mit einarbeiten. Wird die Masse zu fest, 1 EL Wasser hinzufügen. Mit den

Händen zu einem glatten Teig kneten, zur Kugel formen und in Folie 1 Stunde kühl ruhen lassen.

2. Den Teig mit der Nudelmaschine zur gewünschten Stärke ausrollen und mit dem entsprechenden Vorsatz in 2 bis 3 mm breite Fettuccine schneiden. Kurz antrocknen lassen.

3. Die Chilischoten von Samen und Scheidewänden befreien und in feine Streifen schneiden. Die Sahne in einer Kasserolle auf die Hälfte einkochen, die Hitze reduzieren und Chilistreifen und Trüffelöl einrühren. Mit Salz und Pfeffer würzen.

4. Die Trüffel erst unmittelbar vor dem Hobeln nur ganz kurz unter fließendem kalten Wasser abbürsten und sofort abtrocknen, keinesfalls darf sie Wasser aufsaugen. Unsaubere Vertiefungen mit einem spitzen, scharfen Messer sehr sparsam ausschneiden, denn jedes Gramm ist kostbar.

5. Fettuccine in sprudelnd kochendem Salzwasser al dente kochen, abgießen und gut abtropfen lassen. Auf vorgewärmte Teller verteilen, mit der Sauce übergießen und die Trüffel hauchdünn darüberhobeln. Mit Basilikum bestreuen und sofort servieren.

Gnocchi in Tomatensauce

KARTOFFELNOCKEN AUF ITALIENISCH: EINGEBETTET IN EINEN FRUCHTIGEN TOMATENSUGO, GRATINIERT MIT WÜRZIGEM KÄSE.

Gnocchi sind Klassiker der italienischen Küche, die wahlweise aus Brand-, Grieß- oder, wie hier, aus Kartoffelteig bestehen können. Ein unkompliziertes Rezept, für das mehlige Kartoffeln ein Muß sind, die langsam im Ofen gegart werden sollten. Das dauert zwar etwas länger als das übliche Kochen, doch die Kartoffeln werden dadurch trockener, was den Teig später schön luftig werden läßt.

Für die Gnocchi:
900 g mehligkochende Kartoffeln
150 g Mehl, 2 Eigelbe, Salz
Für die Tomatensauce:
800 g Eiertomaten
50 g Möhren, fein gewürfelt
100 g Zwiebeln, fein gehackt
100 g Stangensellerie, klein gewürfelt
1 TL Salz
frisch gemahlener schwarzer Pfeffer
1 Prise Zucker
4 EL Olivenöl
1 EL in Streifen geschnittenes rotes Buschbasilikum
1 TL Thymianblättchen

Außerdem:
Butter für die Form
40 g frisch geriebener Pecorino sardo
30 g frisch geriebener Parmesan, 20 g Butterflöckchen
rotes Buschbasilikum zum Garnieren

Kartoffeln waschen, abtrocknen und in Alufolie wickeln. Bei 200° im vorgeheizten Ofen 1 Stunde backen. Tomaten waschen, halbieren, Stielansatz und Samen entfernen und das Fruchtfleisch klein schneiden. Mit den Möhren-, Zwiebel- und Selleriewürfeln in einen Topf geben und zugedeckt bei niedriger Temperatur etwa 40 Minuten köcheln lassen, bis das Gemüse weich ist. Das gekochte Gemüse portionsweise in ein grobmaschiges Sieb geben und mit Hilfe eines Löffels in eine Kasserolle passieren. Das am Sieb anhaftende Püree abstreifen und zugeben. Für die Gnocchi die gebackenen Kartoffeln schälen. Das Mehl auf eine Arbeitsfläche häufen, in die Mitte eine Mulde drücken. Eigelbe und Salz hineingeben. Die noch heißen Kartoffeln durch eine Kartoffelpresse kranzförmig auf den Mehlrand drücken und alles zügig zu einem glatten Teig verkneten. Diesen 10 bis 15 Minuten ruhen lassen. Anschließend zu 2 Strängen von 2 cm Durchmesser rollen und mit Mehl bestauben. Weiterverfahren, wie gezeigt. Gnocchi portionsweise in sprudelnd kochendes Salzwasser einlegen und die Hitze reduzieren. Sobald sie an die Oberfläche steigen, sind die Gnocchi gar. Herausnehmen und gut abtropfen lassen. Die Tomatensauce erwärmen, salzen, pfeffern und den Zucker zufügen. Das Olivenöl löffelweise unterziehen und gleichmäßig verrühren. Kräuter einstreuen. Die Gnocchi unter die Sauce mischen und in eine gebutterte Auflaufform füllen. Mit Pecorino sardo und Parmesan bestreuen und mit Butterflöckchen besetzen. Bei 200 °C im vorgeheizten Ofen 15 bis 20 Minuten gratinieren. Mit Buschbasilikumblättern garnieren.

Die Teigstränge etwas platt drücken und mit einem scharfen Messer in etwa 1 cm große Abschnitte schneiden.

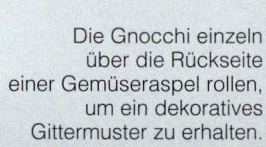

Die Gnocchi einzeln über die Rückseite einer Gemüseraspel rollen, um ein dekoratives Gittermuster zu erhalten.

Schwarzplentene Knödel

DEM BUCHWEIZEN – SCHWARZPLENTEN – VERDANKEN DIE HERZHAFTEN KLÖSSE AUS SÜDTIROL IHREN NAMEN.

Die Südtiroler Küche ist geprägt von den nachbarlichen Einflüssen aus dem Norden und dem Süden: Bodenständig rustikal ist der alpenländische Anteil, leicht und frisch der italienische. Bestes Beispiel dafür sind diese Brotknödel, zu denen ein südlich inspirierter, lauwarmer Tomatensalat serviert wird. Die Fladen für das Südtiroler Schüttelbrot, eine Art Dauerbrot, das Bestandteil der Knödel ist, werden vor dem Backen auf einem mit Mehl bestaubten Brett solange »geschüttelt«, bis sie die gewünschte Größe erreicht haben und recht dünn geworden sind – ein Vorgang, der einiges an Geduld und Übung erfordert.

Für die Knödel:
100 g Brötchen vom Vortag
80 g trockenes Schüttelbrot, 150 ml lauwarme Milch
20 g Butter, 1 Knoblauchzehe, fein gewürfelt
60 g Zwiebel, fein gewürfelt
50 g Lauch, in feinen Streifen
2 EL gehackte Kräuter
1/2 TL Salz, frisch gemahlener weißer Pfeffer
1 Messerspitze frisch geriebene Muskatnuß
2 Eier, 60 g Schwarzplentenmehl (Buchweizenmehl)
180 g Südtiroler Bergkäse, etwa 90 g Butter
Für den Tomatensalat:
600 g Tomaten, 3 EL Olivenöl
40 g Schalotten, fein gehackt
100 g Stangensellerie, in feinen Streifen
2 EL Rotweinessig
Salz, frisch gemahlener Pfeffer
1 EL gehackte Sellerieblättchen

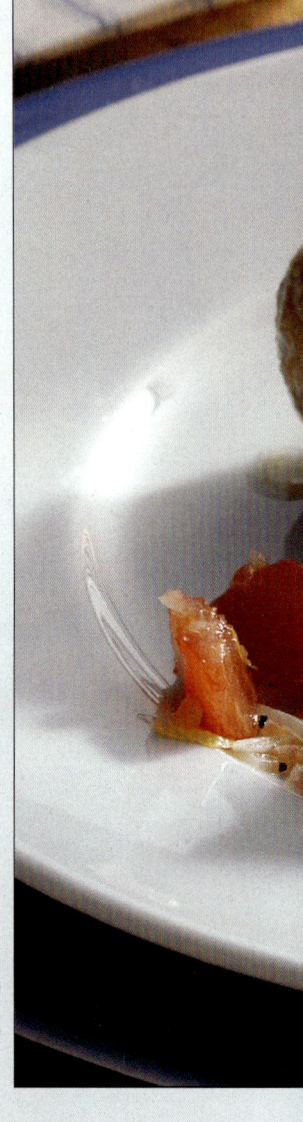

Kräftiger Südtiroler Bergkäse aus Rohmilch trägt erheblich zu Geschmack und Konsistenz der Knödel bei.

Beim Buchweizen handelt es sich um die Samen eines Knöterichgewächses. Zwischenzeitlich etwas in Vergessenheit geraten, werden die dreieckigen Körnchen wieder vermehrt verwendet.

1. Die Brötchen in dünne Scheiben schneiden und das Schüttelbrot fein zerkrümeln. In einer Schüssel mit Milch übergießen und mindestens 15 Minuten weichen lassen. Die Butter in einer Pfanne zerlassen, Knoblauch, Zwiebel und Lauch

darin hell anschwitzen und zu dem eingeweichten Brot geben. Die gehackten Kräuter (Petersilie, Schnittlauch, Liebstöckel), die Gewürze, die Eier und das Mehl mit der Brotmasse zu einem lockeren Teig vermengen. Weitere 15 Minuten stehen lassen. Den Käse in kleine Würfel schneiden und unter den Teig kneten.

2. Daraus 12 kleine Knödel formen und in sprudelnd kochendes Salzwasser einlegen. Die Hitze sofort reduzieren, die Knödel in etwa 12 bis 15 Minuten garziehen lassen. Dabei darf das Wasser nicht mehr kochen.

3. Die Tomaten blanchieren, häuten, halbieren, Stielansatz und Samen entfernen und das Fruchtfleisch würfeln. Das Olivenöl erhitzen und die Schalotten darin hell anschwitzen, den Stangensellerie 3 Minuten mitdünsten. Die Tomatenwürfel weitere 2 Minuten mitdünsten. Mit Essig, Salz und Pfeffer würzen und die gehackten Sellerieblättchen einstreuen.

4. Die Knödel mit dem Schaumlöffel herausheben und abtropfen lassen. Auf vorgewärmte Teller anrichten, mit reichlich brauner, schäumender Butter übergießen und zusammen mit dem lauwarmen Salat servieren.

Graupen mit Kürbis

ZUBEREITET WIE RISOTTO, WIRD DAS GETREIDE ZUR VEGETARISCHEN DELIKATESSE.

Graupen, nein danke? Falsch. Die unscheinbaren polierten Gerstenkörner brauchen nur die richtigen Begleiter – hier sind es reifer Kürbis, Parmesan und ein frischer Sauvignon blanc – und schon wird aus der verpönten Fastenspeise ein exquisites Gericht. Was die angegebene Flüssigkeitsmenge betrifft, braucht man sich nicht sklavisch an die Vorgaben zu halten; reicht sie nicht aus, gießt man einfach etwas Gemüsefond nach.

800 g Kürbis, 130 g Zwiebeln
1 Knoblauchzehe, 70 g Butter
1/2 l Gemüsefond, 300 g Graupen
1/4 l trockener Weißwein (Sauvignon blanc)
100 g frisch geriebener Parmesan
1 TL Salz, frisch gemahlener weißer Pfeffer
Gemüsefond zum Angießen
Außerdem:
2 EL Pflanzenöl, 16 kleine Salbeiblätter
30 g frisch gehobelter Parmesan

1. Den Kürbis schälen und entkernen. Das Fruchtfleisch in 1,5 cm große Würfel schneiden. Die dabei anfallenden Abschnitte (insgesamt etwa 1/3 der Kürbismenge) beiseite stellen. Die Zwiebeln schälen und fein hacken. Die Knoblauchzehe schälen.

2. In einem Topf 20 g Butter zerlassen und darin 50 g Zwiebelwürfel glasig anschwitzen. Die Kürbisabschnitte zugeben und kurz mitschwitzen. Den Gemüsefond zugießen und alles im geschlossenen Topf 10 Minuten garen. Im Mixer fein pürieren und durch ein Sieb passieren.

3. In einem großen Topf die restliche Butter zerlassen. Die verbliebenen Zwiebelwürfel darin glasig anschwitzen. Den Knoblauch durch die Presse dazudrücken und mitschwitzen. Die Graupen zugeben, kurz durchschwenken und mit dem Weißwein ablöschen. Die Flüssigkeit etwa auf die Hälfte reduzieren. Das Kürbispüree zu den Graupen geben und bei geringer Hitze unter ständigem Rühren 20 Minuten quellen lassen. Bei Bedarf noch etwas Gemüsefond zugeben.

4. Die Kürbiswürfel unterheben und weitere 10 Minuten köcheln lassen. Den Parmesan einrühren und mit Salz und Pfeffer würzen.

5. Öl erhitzen und die Salbeiblätter darin kurz anbraten. Die Kürbis-Graupen-Mischung mit den Salbeiblättchen und gehobeltem Parmesan anrichten und sofort servieren.

Knusprig gebratene Salbeiblätter ▶ und Parmesan verfeinern die nach der Risotto-Methode zubereiteten Graupen. Sind die Kürbisse so groß wie dieser hier, schneidet man sie zunächst in Spalten, um sie besser verarbeiten zu können. Dabei bleibt außer der Schale nur wenig Abfall: Leicht angeröstet, kann man sogar die Kerne knabbern.

Kürbisblüten sind neutral im Geschmack, aber von einer sonnendurchfluteten Eleganz. Sie sind zu Unrecht »Abfall-produkt« bei der Zucht eines im Wortsinn bodenständigen Gemüses.

Gefüllte Kürbisblüten auf Paprikaspiegel

VEGETARISCHE KOCHKUNST, MIT ZUTATEN, DEREN REIZ NICHT NUR IN IHRER SAISONALEN BEGRENZUNG LIEGT.

Kürbis ist auf dem Balkan eines der beliebtesten Gemüse. Kein Wunder, daß man ihn dort in besonders vielen Zubereitungsarten kennt. Da kommen auch schon mal die farbenfrohen Blüten zum Einsatz, wie hier in diesem etwas ausgefallenen, doch sehr delikaten vegetarischen Gericht. Leider sind Kürbisblüten selten zu bekommen, auf den Wochenmärkten gibt es sie nur in den Sommermonaten auf Vorbestellung.

300 g Zucchini, 40 g Schalotten, 20 g Butter
Salz, frisch gemahlener schwarzer Pfeffer
frisch geriebene Muskatnuß
25 ml Weißwein, 25 ml Gemüsefond
1 Eigelb, 70 g Weißbrot, ohne Rinde
1 EL gehackte junge Kürbisblätter
12 bis 16 Kürbisblüten
Für die Paprikasauce:
450 g rote Paprikaschoten, 1/2 Knoblauchzehe
30 g Schalotten, 20 g Butter
Salz, frisch gemahlener Pfeffer, 1 Thymianzweig
1 Lorbeerblatt, 40 ml Weißwein, 200 ml Gemüsefond
Außerdem:
20 g Butter für die Form, 20 g gehackte Schalotte
50 ml Weißwein, 80 ml Gemüsefond

Einfaches, durch raffinierte Zubereitung geadelt: Die gefüllten Kürbisblüten mit einer fruchtigen Paprikasauce sind zwar etwas aufwendig in der Zubereitung, doch der reizvolle Kontrast in Optik und Geschmack lohnt die Mühe unbedingt.

1. Die Zucchini waschen, Stiel- und Blütenansatz entfernen und in kleine Würfel schneiden. Die Schalotten schälen und fein hacken. Die Butter in einer Pfanne zerlassen und die Schalottenwürfel darin glasig anschwitzen. Die Zucchiniwürfel kurz mitschwitzen. Mit Salz, Pfeffer und Muskatnuß würzen. Den Weißwein angießen, etwas reduzieren und den Gemüsefond zugießen. Die Flüssigkeit so lange reduzieren, bis das Gemüse gar und nahezu trocken ist.

2. Das gedünstete Gemüse noch warm mit dem Eigelb, dem zerpflückten Weißbrot und den Kürbisblättern im Mixer fein pürieren. Die Masse abschmecken und auskühlen lassen.

3. Den Kelch der Kürbisblüten vorsichtig öffnen und den Blütenstempel mit einem kleinen, scharfen Messer entfernen, dabei darauf achten, daß die Blüte unversehrt bleibt. Die Füllung mit Hilfe eines Dressiersacks in die Kürbisblüten drücken. Die Spitzen der Blütenblätter zusammendrehen und so die Blüten schließen.

4. Die Butter in einer feuerfesten Form zerlassen und die Schalotte darin glasig anschwitzen. Die Kürbisblüten einlegen, salzen und pfeffern. Den Wein angießen, leicht reduzieren, dann den Gemüsefond zugießen. Die Form mit Alufolie abdecken und die gefüllten Blüten bei 180 °C im vorgeheizten Ofen 10 Minuten garen.

5. Für die Sauce die Paprikaschoten vierteln, Samen und Scheidewände entfernen und das Fruchtfleisch würfeln. Knoblauch und Schalotten schälen und klein würfeln. Die Butter zerlassen und die Knoblauch- und Schalottenwürfel darin hell anschwitzen. Die Paprikawürfel mitschwitzen, salzen, pfeffern, Thymian und das Lorbeerblatt einlegen. Mit Wein und Fond ablöschen. Die Sauce bei schwacher Hitze köcheln lassen, bis die Flüssigkeit auf die Hälfte reduziert ist. Mit einem Pürierstab pürieren, durch ein feines Sieb passieren und abschmecken. Die gefüllten Kürbisblüten auf Teller anrichten, mit der Paprikasauce umgießen und mit Langkornreis oder einem klassischen Risotto servieren.

Hirse und Gemüse

TOMATEN, PAPRIKA UND PARMESAN – NICHT NUR ZU NUDELN
ODER REIS, AUCH ZU HIRSE PASST DIESE KOMBINATION.

Hirse ist von allen Getreiden das kleinkörnigste – und ausgerechnet sie wird fast überall von Hand geerntet. Ein mühsames Unterfangen. Dann müssen auch noch die Spelzen entfernt werden, wie übrigens bei Hafer und Gerste auch. Dennoch zählt die Hirse zu den vollwertigen Nahrungsmitteln, weil bei dem wohlschmeckenden Getreide alle wichtigen Inhaltsstoffe – Hirse ist besonders reich an Mineralien – nicht nur in der äußeren Hülle, sondern auch im Korn selbst stecken. Die Körner im ganzen gekocht und kombiniert mit einem fruchtigen Tomaten-Paprika-Gemüse, ergeben ein feines vegetarisches Gericht.

Für die Hirse:
80 g weiße Zwiebeln, 1 Knoblauchzehe
2 EL Pflanzenöl, 250 g Hirse, 600 ml Gemüsefond
Salz, frisch gemahlener Pfeffer
Für das Tomaten-Paprika-Gemüse:
50 g weiße Zwiebel, 1 Knoblauchzehe
80 g Frühlingszwiebeln, 600 g Tomaten
400 g Gemüsepaprika (Dolma), 2 EL Pflanzenöl
1 EL gehacktes Basilikum
1 EL gehacktes rotes Basilikum
Salz, frisch gemahlener Pfeffer

Außerdem:
40 g frisch gehobelter Parmesan

1. Für die Hirse Zwiebeln und Knoblauch schälen und in feine Würfel schneiden. In einem Topf das Öl erhitzen und beides darin glasig anschwitzen. Die Hirse einstreuen und 2 bis 3 Minuten mitschwitzen. Mit dem Gemüsefond ablöschen, zum Kochen bringen und mit Salz und Pfeffer würzen. Die Hirse bei reduzierter Hitze im geschlossenen Topf 25 bis 30 Minuten quellen lassen, dabei mehrmals umrühren.

2. In der Zwischenzeit für das Tomaten-Paprika-Gemüse Zwiebel und Knoblauch schälen und fein hacken. Die Frühlingszwiebeln putzen und schräg in 1 cm große Stücke schneiden. Die Tomaten blanchieren, kalt abschrecken, häuten, vierteln, Stielansatz und Samen entfernen und das Fruchtfleisch in Stücke schneiden. Die Paprikaschoten waschen, Samen und Scheidewände entfernen und das Fruchtfleisch in etwa 1 cm große Quadrate schneiden.

3. In einer Pfanne das Öl erhitzen und Zwiebel- und Knoblauchwürfel darin hell anschwitzen. Die Paprikawürfel 5 Minuten mitschmoren. Tomaten, Frühlingszwiebeln und Basilikum zugeben und weitere 3 Minuten schmoren. Salzen und pfeffern.

4. Die Hirse auf vorgewärmte Teller anrichten, das Tomaten-Paprika-Gemüse darüber verteilen, mit frisch gehobeltem Parmesan bestreuen und sofort servieren.

Zweimal Basilikum ▶
– rotes und grünes – rundet mit seinem intensiven, süßen Aroma das Tomaten-Paprika-Gemüse geschmacklich perfekt ab.

Lahaniká Yahní, ein Gemüsetopf mit Feta-Käse

EIN BEISPIEL FÜR DIE GESCHMACKSFÜLLE FLEISCHLOSER EINTÖPFE, WIE SIE TRADITIONELL RUND UMS MITTELMEER GEKOCHT WERDEN.

Eintopf ist kein Synonym für einfach: dieser hier braucht Muße, denn die Vorbereitung der einzelnen Gemüsesorten ist zeitaufwendig. Okra, die grünen Kapselfrüchte eines Eibischgewächses, sondern beim Kochen, wenn sie nicht entsprechend vorbereitet werden, einen milchigen Schleim ab. Er ist zwar geschmacksneutral, aber trotzdem nicht jedermanns Sache.

20 g getrocknete Tomaten
250 g Okraschoten
100 ml Weinessig
Salz
400 g Auberginen
300 g Zwiebeln
250 g türkische Paprikaschoten (Dolma)
1 Peperoni (Charleston, etwa 20 g)
250 g hellgrüne Zucchini
400 g Flaschentomaten
3 Knoblauchzehen, geschält
5 EL Pflanzenöl
1/2 TL Zucker
100 ml griechischer Weißwein (ungeharzt)
100 ml Gemüsefond
1/2 TL Bergthymianblättchen
1/2 TL gehackter Kreta-Majoran (oder Oregano)
1 EL gehackte Petersilie
1 Lorbeerblatt, 1 kleine Zimtstange
4 ganze Nelken, frisch gemahlener Pfeffer
100 g Kalamata-Oliven
Außerdem:
150 g Feta-Käse aus Schafmilch, in groben Stücken
1 EL gehackte Petersilie zum Bestreuen

Zum Reinigen der Okraschoten die feinen Härchen am besten mit einem sauberen Küchentuch abrubbeln.

Den Stielansatz gerade abschneiden, ohne das Fruchtfleisch dabei zu verletzen.

Die getrockneten Tomaten in 50 ml kochendheißem Wasser einweichen. Okraschoten putzen, wie gezeigt. Essig und Salz in eine Form geben, die Okraschoten einlegen und zugedeckt 2 Stunden an einem warmen Ort stehen lassen (am besten in die Sonne stellen!). Anschließend die Schoten gut waschen und abtropfen lassen, um den milchigen Schleim zu entfernen. Halbieren. Die Auberginen in etwa 2 cm große Würfel schneiden und 30 Minuten in stark gesalzenes Wasser legen. Die Zwiebeln schälen und hacken. Von den Paprikaschoten und der Peperoni Samen und Scheidewände entfernen, die Paprikaschoten in 3 cm große Stücke, die Peperoni in feine Ringe schneiden. Die Zucchini der Länge nach halbieren und in 1 cm dicke Scheiben schneiden. Die Tomaten blanchieren, häuten, halbieren, Stielansatz und Samen entfernen und das Fruchtfleisch in mundgerechte Stücke schneiden. Die geschälten Knoblauchzehen fein hobeln. Die Auberginenwürfel aus dem Wasser nehmen, abtropfen lassen und trockentupfen. Die eingeweichten Tomaten abgießen und in Streifen schneiden. Das Öl erhitzen, die Zwiebeln darin glasig anschwitzen, mit Zucker bestreuen und leicht karamelisieren. Die Auberginen zufügen, braun braten. Das restliche Gemüse, bis auf die Tomaten und den Knoblauch unter Rühren 5 Minuten mitbraten. Tomatenstreifen, Wein und Fond zufügen. Kräuter, Lorbeerblatt, Zimt, Nelken, Salz und Pfeffer einstreuen. Zugedeckt 40 Minuten köcheln lassen. Nach etwa 35 Minuten Tomatenstücke und Oliven zugeben. Feta und Petersilie darüberstreuen.

Musaka mit Tomaten in Olivenöl

VERFEINERTE, IN DER KASTENFORM GEGARTE VARIANTE DES RUSTIKALEN AUFLAUFS.

Wer hierzulande Musaka sagt, denkt sofort an Griechenland. Tatsächlich kocht man diesen Auflauf, in unwesentlichen Abwandlungen, aber fast überall auf dem Balkan bis hin zur Türkei. Wichtigste Zutat sind Auberginen. Daneben verwendet man Zwiebeln, Zucchini, Tomaten und meist auch Lammhack. Dieses Rezept präsentiert die Musaka im vegetarischen Gewand: ummantelt von Zucchinistreifen. Man serviert sie in Scheiben geschnitten – kalt mit krossem Weißbrot oder warm mit etwas Pilaw.

500 g Auberginen, 6 EL Olivenöl
Salz, frisch gemahlener schwarzer Pfeffer
500 g Zucchini, 500 g Fleischtomaten
250 g mehligkochende Kartoffeln
80 g Schalotten, 2 Knoblauchzehen
1 EL gehackter Oregano, 1 EL gehacktes Basilikum
30 g Tomatenmark
100 g Ziegenfrischkäse
Für die Tomaten in Olivenöl:
500 g Tomaten, 7 EL Olivenöl, 2 EL Zitronensaft
Salz, Pfeffer, 1 EL gehacktes Koriandergrün
Außerdem:
250 g Zucchini zum Auslegen der Form
Frischhaltefolie für die Form

Frische ist das A und O für den Geschmack. Besonders die in warmem Olivenöl und Zitronensaft marinierten Tomaten sollten viel Aroma mitbringen, um neben der kräftigen Musaka bestehen zu können.

1. Die Auberginen längs halbieren, Schnittflächen mit 1 EL Öl bepinseln, salzen und pfeffern. Auf ein Backblech legen und bei 190 °C im vorgeheizten Ofen 40 Minuten backen. Herausnehmen, das weiche Fruchtfleisch mit einem Eßlöffel aus der Schale lösen und fein würfeln.

2. Von den Zucchini Blüten- und Stielansatz entfernen. Die Fleischtomaten blanchieren, häuten, Stielansatz und Samen entfernen und beide Gemüse klein würfeln. Die Kartoffeln schälen, ebenfalls klein würfeln, in kochendem Salzwasser 1 Minute blanchieren, herausheben und gut abtropfen lassen. Schalotten und Knoblauch schälen und beides fein hacken.

3. Das restliche Olivenöl in einer Pfanne erhitzen und darin die vorbereiteten Gemüse sowie Schalotten und Knoblauch anschwitzen. Die Kräuter einstreuen und das Tomatenmark einrühren. Etwa 20 Minuten schmoren, bis alle Flüssigkeit verdampft ist. Salzen und pfeffern. Etwas abküh-

len lassen. Den Ziegenkäse durch ein feines Sieb streichen und unter die Gemüsemischung heben.

4. Die Zucchini für die Form von Blüten- und Stielansatz befreien, längs in 2 mm dicke Scheiben schneiden, blanchieren und gut abtropfen lassen. Eine Kastenform (von 20 cm Länge und 7 cm Höhe) mit etwas angefeuchteter Frischhaltefolie auskleiden und mit den Zucchinischeiben auslegen. Das Gemüse einfüllen und mit den überhängenden Zucchinischeiben bedecken. Die Form in ein Wasserbad stellen und bei 160 °C im vorgeheizten Ofen etwa 40 Minuten garen.

5. Die Form aus dem Wasserbad heben und die Musaka lauwarm abkühlen lassen. Inzwischen die Tomaten blanchieren, häuten, vierteln, Stielansatz und Samen entfernen und das Fruchtfleisch in etwa 1 cm große Würfel schneiden. Das Olivenöl in einer Pfanne erhitzen, vom Herd nehmen und die Tomaten und den Zitronensaft einrühren. Mit Salz und Pfeffer würzen und das Koriandergrün einstreuen.

6. Die Musaka aus der Form stürzen, die Folie entfernen, die Musaka in Scheiben schneiden und mit den Tomaten in Olivenöl anrichten.

Auberginenröllchen mit würziger Reisfüllung

KEFALOTIRI, HERZHAFTER ROHMILCHKÄSE AUS SCHAF- ODER ZIEGENMILCH, VERLEIHT DIESEM GERICHT EINE INDIVIDUELLE NOTE.

Das Innenleben spielt bei diesem Gericht eindeutig die Hauptrolle. Wenn möglich, sollten dafür die türkischen grünen Dolma-Paprika verwendet werden. Feurige Akzente setzen die schlanken, dunkelgrünen Schoten der scharfen Sivri-Gewürzpaprika und für die nötige Bindung sorgt der Kefalotiri. Wer ihn nicht bekommt, kann sich mit italienischem Pecorino sardo oder Pecorino toscano behelfen.

1 kg Auberginen, 6 EL Pflanzenöl
Für die Füllung:
80 g Langkornreis, 120 g Zwiebeln
1 Knoblauchzehe, 200 g Gemüsepaprika (Dolma)
1 scharfe Gewürzpaprika (Sivri oder Peperoni)
300 g Flaschentomaten, 70 g Kefalotiri
2 EL Pflanzenöl, 1 EL gehackte glatte Petersilie
Salz, frisch gemahlener Pfeffer
Für die Joghurtsauce:
150 g griechischer Joghurt, 2 EL Crème fraîche
2 Knoblauchzehen, Salz, frisch gemahlener Pfeffer
Außerdem:
Butter für die Form, 50 g kalte Butterflöckchen
gehackte glatte Petersilie zum Bestreuen

Außerhalb Griechenlands kaum bekannt – die beträchtliche Auswahl an Hart- und Schnittkäsen aus Schaf- oder Ziegenmilch auf den regionalen Wochenmärkten.

1. Auberginen waschen, Stielansätze entfernen, der Länge nach in etwa 1 cm dicke Scheiben schneiden und in Salzwasser legen.

2. Für die Füllung den Reis in ausreichend Salzwasser etwa 20 Minuten kochen. Überschüssiges Wasser abgießen und den Reis beiseite stellen. In der Zwischenzeit Zwiebeln und Knoblauch schälen und fein hacken. Die Paprikaschoten halbieren, Samen und Scheidewände entfernen, Gemüsepaprika in 5 mm große Würfel schneiden, Gewürzpaprika sehr fein hacken. Die Tomaten blanchieren, häuten, Stielansatz und Samen entfernen und das Fruchtfleisch klein würfeln. Den Käse ebenfalls in kleine Würfel schneiden.

3. In einer Pfanne das Öl erhitzen und die Zwiebel- und Knoblauchwürfel darin hell anschwitzen. Die Paprikastücke 5 Minuten mitschwitzen. Die Hälfte der Tomaten sowie die gehackte Petersilie zufügen. Vom Herd nehmen, etwas abkühlen lassen. Käse und Reis untermischen und mit Salz und Pfeffer würzen.

4. Die Auberginenscheiben aus dem Salzwasser nehmen und sorgfältig trockentupfen. In einer beschichteten Pfanne das Öl erhitzen und die Auberginenscheiben darin von beiden Seiten anbraten. Herausnehmen und auf das schmale Ende jeder Scheibe einen gehäuften Eßlöffel der Füllung setzen. Vorsichtig aufrollen und nebeneinander in eine gebutterte Auflaufform legen. Die restlichen Tomatenwürfel über den Auberginenröllchen verteilen, mit Butterflöckchen belegen und eine Tasse Salzwasser angießen. Abdecken und bei 180 °C im vorgeheizten Ofen 20 bis 25 Minuten garen.

5. Inzwischen für die Sauce den Knoblauch schälen, zum Joghurt pressen, mit der Crème fraîche glattrühren, salzen und pfeffern. Die Form aus dem Ofen nehmen, die fertigen Auberginenröllchen mit Petersilie bestreuen und servieren.

Gefüllte Eier mit Salat von weißen Bohnen

ALS APPETIZER EIGNEN SICH DIE AUSGEBACKENEN EIER EBENSO GUT WIE ALS KLEINER PARTY-SNACK.

In der türkischen Küche dreht sich mindestens ebenso viel ums Ei wie um Hülsenfrüchte aller Art. Dieses Gericht kombiniert beide Vorlieben zu einer rundum gelungenen Vorspeise. Bei der Zeitplanung ist allerdings zu berücksichtigen, daß die Bohnen über Nacht eingeweicht werden müssen, und daß der fertige Salat 30 Minuten ziehen soll.

8 Eier
3 EL frisch gehackte Petersilie
80 g Schafkäse (zum Beispiel Feta aus Schafmilch)
Salz, frisch gemahlener schwarzer Pfeffer
1 TL edelsüßes Paprikapulver
Für den Bohnensalat:
300 g getrocknete weiße Bohnen

Die Füllung aus Schafkäse, Petersilie und Gewürzen mit einem Löffel gleichmäßig in die Eiweißhälften verteilen, so daß eine kleine Wölbung entsteht.

Die bemehlten Eihälften auf eine Gabel legen und in die Eigelbe tauchen, auf die Oberseite umdrehen und mit Hilfe der Gabel wieder herausholen.

Das Öl auf 180 °C erhitzen, die Eihälften vorsichtig nacheinander mit Hilfe einer Schöpfkelle hineingleiten lassen und in 3 Minuten ausbacken.

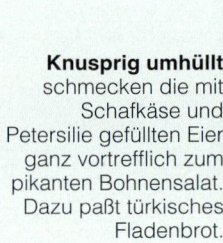

Knusprig umhüllt schmecken die mit Schafkäse und Petersilie gefüllten Eier ganz vortrefflich zum pikanten Bohnensalat. Dazu paßt türkisches Fladenbrot.

Salz, 250 g Zwiebeln
20 schwarze Oliven, entsteint
4 EL frisch gehackte Petersilie
6 EL Olivenöl, Saft von 1/2 Zitrone
3 EL Weißweinessig, 1 EL Wasser
Salz, frisch gemahlener schwarzer Pfeffer
2 TL scharfes Paprikapulver
Außerdem:
2 Eigelbe, 20 g Mehl
1/2 l Pflanzenöl zum Fritieren

Die Bohnen über Nacht in kaltem Wasser einweichen, abgießen und unter fließendem Wasser abspülen. In einem Topf 1/2 l Salzwasser zum

Kochen bringen und die Bohnen darin bei mittlerer Hitze 30 bis 40 Minuten kochen lassen, sie sollten noch »Biß« haben. Durch ein Sieb abgießen, abtropfen und abkühlen lassen. Die Zwiebeln schälen, in dünne Scheiben schneiden, mit reichlich Salz bestreuen und 10 Minuten ziehen lassen. Die Zwiebelscheiben anschließend mit der Hand kräftig ausdrücken und in einer Schüssel mit den Bohnen, den Oliven und der Petersilie vermischen. Das Olivenöl mit Zitronensaft, Essig und Wasser verrühren. Mit Salz, Pfeffer und Paprikapulver würzen und alles gut vermengen. Die Sauce über den Bohnensalat gießen, nochmals gut durchmischen und 30 Minuten ziehen lassen. Währenddessen die Eier in 10 Minuten hartkochen, kalt abschrecken, schälen und der Länge nach halbieren. Die Eigelbe herauslösen und mit der Petersilie sowie dem zerbröckelten Schafkäse in eine Schüssel geben. Mit Salz, Pfeffer und Paprikapulver würzen und die Masse gut vermengen. Die Eihälften füllen, wie links im ersten Bild gezeigt. Die Eigelbe verquirlen. Die gefüllten Eihälften zunächst vorsichtig in Mehl wenden und weiterverfahren, wie in den beiden unteren Bildern links gezeigt. Die Eihälften aus dem Fett heben und auf Küchenpapier abtropfen lassen. Zusammen mit dem Bohnensalat auf Tellern anrichten und servieren.

Weichkäse aus Schaf-, Kuh- oder Ziegenmilch haben in der Türkei eine jahrtausendealte Tradition. Die Salzlake, in der sie heranreifen, dient praktischerweise zugleich der Konservierung.

Warmer Auberginensalat mit Schafkäse

EIN OPULENTER MEDITERRANER SALAT – IDEAL ALS SOMMERLICHES MITTAGESSEN.

Die Aubergine zählt zu den Klassikern der Mittelmeerküche und wird in allen erdenklichen Variationen warm oder kalt serviert: in Öl eingelegt, zum Dip püriert, in Backteig zu knusprigen Happen ausgebraten. Die satt violett gefärbte Eierfrucht gehört zur Familie der Nachtschattengewächse und sie besitzt kaum Eigengeschmack. Gerade dieser vermeintliche Mangel macht sie aber ungeheuer vielseitig – solange man ihr kräftige Begleiter zur Seite stellt wie Knoblauch, Minze, Peperoni oder Feta.

250 g rote Paprikaschoten
400 g Tomaten
800 g Auberginen
300 g Zucchini
50 g weiße Zwiebel
2 Knoblauchzehen
1 oder 2 milde Peperoni (Charleston)
6 EL Olivenöl, 1 TL Salz
frisch gemahlener Pfeffer

Von beispielhafter Ausgewogenheit: Frisch zubereitet, nur kurz erhitzt, sofort serviert – so bleiben nicht nur alle Nährstoffe, sondern auch die frischen Farben der Salatzutaten erhalten.

2 TL edelsüßes Paprikapulver
1 TL gemahlener Kreuzkümmel
Saft von 1 Zitrone, 3 EL gehackte Minzeblättchen
200 g Feta-Käse

1. Die Paprikaschoten bei 200 °C im vorgeheizten Ofen so lange backen, bis die Haut Blasen wirft. Herausnehmen und unter einem feuchten Tuch oder in einer Plastiktüte 10 Minuten »schwitzen« lassen. Die Paprikaschoten anschließend von oben nach unten häuten, vierteln, Samen und Scheidewände enfernen und das Fruchtfleisch in feine Streifen schneiden.

2. Die Tomaten blanchieren, häuten, vierteln, Stielansatz und Samen entfernen und das Fruchtfleisch würfeln. Die Auberginen und Zucchini waschen, Stiel- und Blütenansatz entfernen und das Fruchtfleisch in etwa 1 cm große Würfel schneiden. Zwiebel und Knoblauch schälen und fein hacken. Die Peperoni von Stielansatz und Samen befreien und das Fruchtfleisch in feine Ringe schneiden.

3. Das Olivenöl in einer großen Pfanne erhitzen und die Auberginenwürfel darin 5 Minuten unter Rühren anbraten. Die Zucchiniwürfel nach 3 Mi-nuten mitbraten. Die Zwiebel- und Knoblauchwürfel zufügen und 1 Minute mitbraten. Mit Salz, Pfeffer, Paprikapulver und Kreuzkümmel würzen, die Peperoniringe einstreuen und den Zitronensaft unterrühren.

4. Die Paprikastreifen und Tomatenwürfel zum Gemüse in die Pfanne geben und kurz andünsten. Zum Schluß die gehackten Minzeblättchen untermischen, erneut abschmecken und den Feta-Käse über den Auberginensalat bröseln. In tiefen Tellern anrichten und mit warmem Fladenbrot servieren.

Gemüse-Bulgur mit Pilzen

MARONEN-RÖHRLINGE UND GETROCKNETE STEINPILZE
VERFEINERN EIN UNKOMPLIZIERTES HAUPTGERICHT.

Die orientalische Vorliebe, Weizen ähnlich wie Reis oder Hirse zum Risotto zu kochen, ist besonders in der Türkei verbreitet. Ursprünglich ersonnen zur besseren Bervorratung, wird das vorgekochte mehr oder minder geschälte Korn gedarrt, das heißt getrocknet oder leicht angeröstet. Auf diese Weise vorbereitet, gart es schneller, ist leichter verdaulich und bekommt zudem einen angenehm nußartigen Geschmack. Das Ergebnis dieser Prozedur ist »Bulgur«, der vor der Zubereitung nach Belieben geschrotet wird und sich wunderbar mit den feinen Speisepilzen und frischer Petersilie verträgt.

10 g Steinpilze, getrocknet, 900 ml Gemüsefond
80 g Zwiebeln, 1 Knoblauchzehe
50 g Möhre, 30 g Petersilienwurzel
50 g Lauch, 30 g Butter
250 g Bulgur, geschrotet
Salz, frisch gemahlener schwarzer Pfeffer
1 EL gehackte Petersilie

Für die Pilze:
400 g Maronen-Röhrlinge
30 g Butter
Salz, frisch gemahlener schwarzer Pfeffer
1 EL gehackte Petersilie

1. Die getrockneten Steinpilze in 100 ml Gemüsefond 10 Minuten einweichen. Ausdrücken, das Einweichwasser beiseite stellen und die Pilze fein hacken. Zwiebeln, Knoblauch, Möhre und Petersilienwurzel schälen und alles in kleine Würfel schneiden. Den Lauch putzen, waschen und ebenfalls fein würfeln.

2. Die Butter in einem mittelgroßen Topf zerlassen und darin Zwiebeln und Knoblauch hell anschwitzen. Steinpilze, Möhren-, Petersilienwurzel- und Lauchwürfel kurz mitschwitzen.

3. Den geschroteten Bulgur zum Gemüse geben und alles weitere 2 bis 3 Minuten braten. Mit dem restlichen Gemüsefond und dem Einweichwasser der Steinpilze aufgießen, salzen, pfeffern und einmal aufwallen lassen. Die Hitze reduzieren und zugedeckt unter mehrfachem Rühren etwa 20 Minuten ausquellen lassen. Die gehackte Petersilie einstreuen und abschmecken.

4. Die Maronen-Röhrlinge sorgfältig putzen und je nach Größe halbieren oder vierteln. Die Butter in einer Pfanne zerlassen und die Pilze darin 3 bis 4 Minuten braten. Salzen, pfeffern und die Petersilie einstreuen. Den Gemüse-Bulgur mit den gebratenen Maronen-Röhrlingen auf Teller anrichten und sofort servieren.

Wer es pikant liebt, ▶ streut vor dem Servieren noch etwas geriebenen Bergkäse (insgesamt etwa 40 g) über das heiße Gericht.

Die Medina von Fes:
Täglich frisch gibt es dort alles, was in der Region an Gemüse gezogen wird. Vom haltbaren Knoblauch bis zur leicht verderblichen Tomate.

Gewürztes Gemüse

MIT COUSCOUS ODER WARMEN BROTFLADEN SERVIERT, EINE AROMATISCH DUFTENDE HAUPTMAHLZEIT.

Feines Olivenöl, frisches Gemüse und die richtigen Gewürze sind das ganze Geheimnis dieser wohlschmeckenden Gemüsemischung. Sie ist ein typisches Beispiel marokkanischer Alltagsküche, in der Gemüse einen großen Stellenwert hat. Interessanterweise stammen die Lieblingssorten der Marokkaner, wie zum Beispiel die verschiedenen Paprikaschoten, die Tomaten oder auch die Kartoffeln vom amerikanischen Kontinent. Was man in Marokko wohl vor Christoph Kolumbus gegessen hat?

250 g Gemüsepaprika (Dolma)
150 g rote Spitzpaprikaschoten
150 g Gemüsezwiebel
400 g Tomaten
300 g Auberginen
300 g Zucchini
2 Knoblauchzehen
6 EL Olivenöl
2 TL edelsüßes Paprikapulver
1/2 TL Chilipulver
Salz
frisch gemahlener schwarzer Pfeffer
1 TL Zitronensaft
1 EL gehackte Petersilie
1 EL gehackte Minze

Die roten Spitzpaprikaschoten mit ihrem angenehm milden Geschmack gedeihen in vielen Ländern. Zu uns auf den Markt kommen sie überwiegend aus Holland.

1. Die Gemüse- und Spitzpaprikaschoten bei 200 °C im vorgeheizten Ofen backen, bis die Haut »Blasen wirft«. Die Schoten herausnehmen, unter ein feuchtes Tuch oder in eine Plastiktüte legen und »schwitzen« lassen. Anschließend die Haut von oben nach unten abziehen. Die Schoten halbieren, Stielansatz, Samen und Scheidewände entfernen und das Fruchtfleisch in etwa 1 cm große Quadrate schneiden.

2. Die Zwiebel schälen und grob hacken. Die Tomaten blanchieren, häuten, Stielansatz und Samen entfernen. Auberginen und Zucchini von Stiel- und Blütenansatz befreien. Das Gemüse in 1 cm große Würfel schneiden. Die Knoblauchzehen schälen und fein hacken.

3. Das Olivenöl in einer Pfanne erhitzen, die Auberginen und Zucchini darin kurz anbraten. Den Knoblauch, das Paprika- und das Chilipulver einstreuen, mit Salz und Pfeffer würzen. Alles 5 Minuten schmoren lassen.

4. Die Paprika- und Zwiebelstücke zum Gemüse in die Pfanne geben und weitere 3 Minuten schmoren. Die Tomaten unterheben und 1 Minute mitschmoren. Zitronensaft unterrühren, die Kräuter einstreuen und abschmecken.

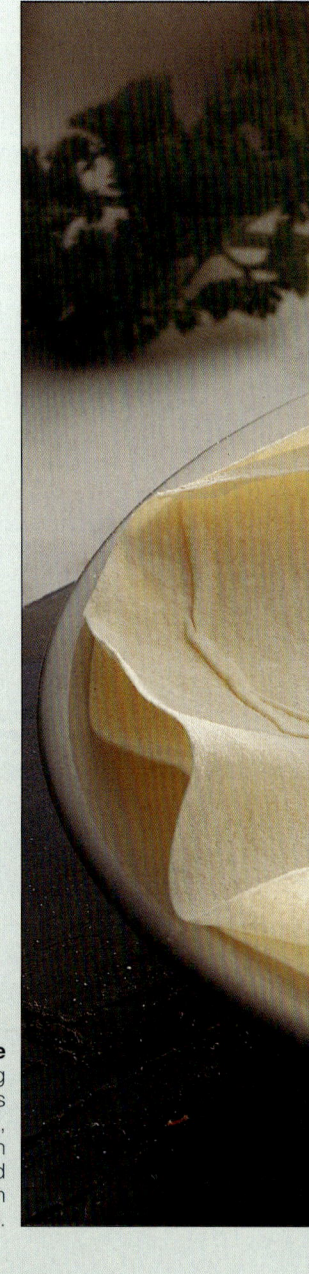

Briks

IN DEN KNUSPRIGEN TEIGTASCHEN VERBIRGT
SICH EIN EI AUF WÜRZIGEM GEMÜSEBETT.

Geformt sind die Teigdreiecke aus Warkha-Blät-
tern, den hauchdünnen marokkanischen Teigfladen, die auf einer mit Holzkohle beheizten Me-
tallplatte gebacken werden und von unerreicht
knuspriger Konsistenz sind. Bei uns findet man
sie vorgefertigt in Spezialgeschäften. Ersatzweise
kann man sich mit dem dünnen Filoteig aus Griechenland oder den Yufka-Teigblättern aus der
Türkei behelfen.

Je 2 Warkha-Blätter in
einen tiefen Teller
legen, 1/8 der Gemüse-
füllung darauf verteilen
und in die Mitte ein
aufgeschlagenes Ei
gleiten lassen. Mit den
gehackten Kräutern
bestreuen. Den Rand
mit Eiweiß bestreichen,
die Teigblätter auf die
Hälfte zusammen-
klappen, den oberen
Rand wieder mit
Eiweiß bestreichen
und erneut falten. Den
Rand ringsum gut
andrücken.

16 Warkha-Teigblätter von 22 cm Durchmesser
1 Eiweiß
Für die Füllung:
350 g rote Spitzpaprikaschoten
250 g hellgrüne Zucchini, 1 grüne Peperoni
120 g weiße Zwiebeln, 2 Knoblauchzehen
2 EL Olivenöl, Salz, frisch gemahlener Pfeffer
1/4 TL gemahlener Kreuzkümmel
1 TL edelsüßes Paprikapulver
1 EL gehackte Petersilie
1 EL gehacktes Koriandergrün, 8 Eier
Außerdem:
Öl zum Ausbacken

**Das gedünstete
Gemüse** muß richtig
»trocken« sein, ehe das
rohe Ei darauf kommt,
damit die Teigfladen
nicht aufweichen und
beim Fritieren
aufplatzen.

1. Paprikaschoten halbieren, Samen und Scheidewände entfernen. Die Zucchini von Blüten- und Stielansatz befreien. Beides sehr klein würfeln. Von der Peperoni Samen und Scheidewände entfernen und das Fruchtfleisch fein hacken.

2. Die Zwiebeln und Knoblauchzehen schälen und fein hacken. Das Olivenöl in einer Pfanne erhitzen und Zwiebel- und Knoblauchwürfel darin glasig anschwitzen. Die Paprika-, Zucchini- und Peperoniwürfel zugeben und solange schmoren, bis alle Flüssigkeit verdampft ist. Salz, Pfeffer, Kreuzkümmel, Paprikapulver, Petersilie und Koriandergrün einrühren und auskühlen lassen.

3. Die Warkha-Blätter füllen und formen, wie oben links gezeigt. Das Öl in einem weiten Topf auf 180 °C erhitzen, die gefüllten Teigtaschen nacheinander darin von jeder Seite etwa 2 Minuten goldgelb ausbacken. Mit einem Schaumlöffel herausheben, auf Küchenpapier abtropfen lassen.

4. Zu den Teigtaschen paßt eine würzige Olivensauce: Dafür 100 g entsteinte grüne Oliven fein hacken, mit 30 g feingewürfelten weißen Zwiebeln, 4 EL Olivenöl, 2 EL Weißweinessig, Salz, frisch gemahlenem schwarzen Pfeffer, 1 Spritzer Zitronensaft sowie 1 EL gehackte Petersilie und Koriandergrün verrühren.

Pepper jelly, das Gelee auf der Basis von Chillies und Äpfeln, ist mehr scharf als süß und bildet zu vielen Gerichten geschmacklich einen interessanten Kontrast. Einmal in Gläser gefüllt, hält es sich sehr lange.

Paprikabrot aus der Pfanne

MIT EINEM SÜSS-SCHARFEN GELEE, DESSEN KULINARISCHE WURZELN IN DEN SÜDSTAATEN DER USA LIEGEN.

Die israelische Küche ist ausgesprochen international, denn aus der ganzen Welt brachten die Einwanderer ihre Lieblingsgerichte mit, die sich heute in Tel Aviv auf der Speisekarte ein und desselben Restaurants wiederfinden können. Aus diesen vielfältigen Einflüssen entstand in den letzten 40 Jahren die »Sabre«-Küche. So genannt nach dem hebräischen Wort für Kaktusfeige, dem Symbol für die im Land geborenen Israeli.

Für das Pepper jelly:
500 g säuerliche Äpfel
Abgeriebenes von 1/2 unbehandelten Zitrone
900 g Zucker, 1/8 l Apfelessig
75 g rote Chilischoten, ohne Samen, fein gehackt
75 g grüne Chilischoten, ohne Samen, fein gehackt
50 g Zwiebelwürfel
Für das Paprikabrot:
500 g rote Paprikaschoten, 10 EL Olivenöl
50 g Zwiebel, fein gehackt
Salz, frisch gemahlener weißer Pfeffer
8 Scheiben Vollkorntoast
150 ml Milch, 2 Eier
1/2 TL edelsüßes Paprikapulver
1 EL gehackte Kräuter, 2 Thymianzweige

Goldgelb gebraten, in mit frischen Thymianzweigen aromatisiertem Olivenöl, so schmecken die Paprikabrote am besten.

1. Für das Pepper jelly die Äpfel waschen, vierteln und mit 1/4 l Wasser, der Zitronenschale und 1/3 des Zuckers zum Kochen bringen. Die Hitze reduzieren und zugedeckt etwa 45 Minuten köcheln lassen. In ein, mit einem Tuch ausgelegtes Sieb schütten, den Saft ablaufen lassen und auffangen, dabei die Äpfel aber nicht ausdrücken, weil sonst das Gelee durch beigemischtes Fruchtfleisch trüb wird. In einem Topf den Essig mit den Chili- und den Zwiebelwürfeln aufkochen und den restlichen Zucker darin unter Rühren auflösen. Apfelsaft zugießen, kurz aufkochen, die Hitze reduzieren und die Mischung bei offenem Topf 5 bis 10 Minuten köcheln. Eine Gelierprobe machen, dafür einen Teelöffel der Masse auf einen Teller geben und sobald sie geliert, den Topf vom Herd nehmen. Das Gelee in Gläser füllen, verschließen und während des Abkühlens mehrmals drehen, damit sich die Chilistücke nicht absetzen.

2. Die Paprikaschoten bei 220 °C im vorgeheizten Ofen backen, bis die Haut »Blasen wirft«. Herausnehmen, in einer Plastiktüte »schwitzen« lassen und die Haut von oben nach unten abziehen. Die Schoten halbieren, Samen und Scheidewände entfernen und das Fruchtfleisch klein würfeln.

3. Vom Öl 2 EL erhitzen und die Zwiebelwürfel darin hell anschwitzen. Paprikawürfel einrühren, salzen, pfeffern und 10 Minuten mitschwitzen.

4. Vom Brot die Rinde entfernen. Milch in eine Schüssel gießen und die Brotscheiben nacheinander jeweils etwa 1 Minute darin weichen lassen.

Herausnehmen und auf eine Arbeitsfläche legen. Auf der Hälfte der Scheiben die Füllung verteilen, dabei ringsum einen Rand freilassen. Mit dem übrigen Brot bedecken und etwas andrücken.

5. Die Eier in einem tiefen Teller gut mit den Gewürzen und Kräutern (Petersilie, Thymian) verquirlen. In einer Pfanne das restliche Öl erhitzen und die Thymianzweige einlegen. Die gefüllten Brote einzeln in den Eiern wenden, im heißen Öl von jeder Seite 3 Minuten braten und mit dem Pepper jelly servieren.

Falafel

EIN WURZIGES »FINGER-ESSEN«, DAS DIE ISRAELIS
AM LIEBSTEN ALS SNACK GENIESSEN.

Kichererbsen gehören in Asien und im Mittelmeerraum zum Küchenalltag. Ihre eiweißreichen, gelblich-weißen Samen werden entweder zu Mehl vermahlen oder weich-gekocht verwendet.

Fritierte Kugeln aus Kichererbsen oder deren Mehl sind arabischen Ursprungs, heute jedoch im gesamten vorderen Orient verbreitet. Aus dem Snack, den es in Israel an vielen Straßenständen zu kaufen gibt, wird im folgenden Rezept durch Ergänzung einer Gurken-Joghurt-Sauce und eines Salats ein komplettes Hauptgericht.

Für die Falafel:
300 g getrocknete Kichererbsen
80 g Zwiebeln
2 Knoblauchzehen
1/2 TL gemahlener Kreuzkümmel
1/2 TL gemahlener Koriander
1/4 TL Chilipulver
Salz, frisch gemahlener schwarzer Pfeffer
1 TL Zitronensaft
2 EL gehackte Petersilie
1 Ei
Für die Sauce:
250 g Sahnejoghurt
150 g Salatgurke
Salz, frisch gemahlener schwarzer Pfeffer
1/4 TL gemahlener Kreuzkümmel (Kumin)
1 Messerspitze Paprikapulver
1 Prise Zucker
1 TL gehacktes Koriandergün
Außerdem:
Pflanzenöl zum Fritieren

Knusprige Teig-bällchen, die nach Belieben mild oder scharf gewürzt sind, schmecken frisch fritiert und noch warm ebenso gut wie als kalte Häppchen.

1. Die Kichererbsen in einer Schüssel mit kaltem Wasser bedecken und über Nacht einweichen. Durch ein Sieb abgießen und gründlich spülen. In einem Topf mit 1 1/2 l Wasser zum Kochen bringen und bei leicht reduzierter Hitze im

Sehr erfrischend an heißen Tagen: Eine kalte Joghurt-Gurken-Sauce zu den fritierten Kichererbsenbällchen.

geschlossenen Topf in 50 bis 55 Minuten weich-kochen. Kochwasser abgießen, dabei 80 ml auf-fangen und beiseite stellen. Die Kichererbsen gut abtropfen lassen.

2. Zwiebeln schälen, fein hacken und mit den Kichererbsen und dem aufgefangenen Kochwas-ser pürieren. Knoblauch schälen, fein hacken und zum Kichererbsenpüree geben. Dieses mit den Gewürzen, Zitronensaft, Petersilie und Ei zu einem Teig vermengen. Daraus mit angefeuchte-ten Händen 24 Kugeln von je etwa 30 g formen.

3. In einem Topf oder einer Friteuse das Pflan-zenöl auf 180 °C erhitzen und die Falafel darin portionsweise in 3 bis 4 Minuten knusprig aus-backen. Mit einem Schaumlöffel herausheben und auf Küchenpapier abtropfen lassen.

4. Für die Sauce den Joghurt in eine Schüssel geben und mit dem Schneebesen glattrühren. Die Gurke schälen, in sehr feine Würfel schneiden und zum Joghurt geben. Gewürze, Zucker und Koriandergrün einstreuen. Die Falafel mit der Sauce und einem grünen Salat servieren.

Asant *(Asa foetida)*
– das rötliche Harz einer in Afghanistan und Persien beheimateten Staude – hat trotz seines intensiven, bitteren Knoblauchgeschmacks nichts mit dem Zwiebelgewächs zu tun. Oft als »Stinkasant« oder »Teufelsdreck« tituliert, ist er – richtig dosiert – gar nicht so schlimm und kann ein Gericht wie dieses angenehm abrunden.

Gemüsefrikadellen mit Linsen

EXOTISCH GEWÜRZT: DIE KNUSPRIGEN KÜCHLEIN SIND EXEMPLARISCH FÜR DIE FLEISCHLOSE ORIENTALISCHE KÜCHE.

Die vegetarische Küche hat im ganzen Mittleren Osten, nicht zuletzt aus religiösen Gründen, einen hohen Stellenwert. Hülsenfrüchte übernehmen dabei die wichtige Rolle des Eiweißlieferanten und fehlen deshalb fast bei keiner Mahlzeit. Hier sind es rote, geschälte Linsen, die, kombiniert mit knusprigen Gemüseküchlein, ein leicht scharfes, aber sehr delikates Gericht ergeben.

Für die Gemüsefrikadellen:
1 kg festkochende Kartoffeln
250 g rote Paprikaschoten, 100 g Möhren
150 g Zwiebeln, 3 grüne Chilischoten
200 g Erbsenschoten, 3 EL Pflanzenöl
1 TL Garam Masala (indische Gewürzmischung)
Salz, 1/4 TL Asant, 1 EL Zitronensaft
Für die Linsen:
300 g rote Linsen (Masoor Dal)
15 g frische Ingwerwurzel, 100 g Zwiebeln
2 EL Pflanzenöl, 1/2 TL schwarze Senfkörner
1/2 TL gemahlene Kurkuma, 1/2 TL Garam Masala
Salz, 1/4 TL Zucker, 1 EL Zitronensaft
Außerdem:
100 g Semmelbrösel, Pflanzenöl zum Braten

1. Die Kartoffeln waschen, in einem Topf mit Wasser zum Kochen bringen und 20 Minuten garen. Das Wasser abgießen, die Kartoffeln etwas ausdampfen lassen, schälen und mit einem Kartoffelstampfer zerdrücken.

2. Die Paprikaschoten waschen, halbieren und Samen und Scheidewände entfernen. Die Möhren und Zwiebeln schälen. Alles in kleine Würfel schneiden. Von den Chilischoten Samen und Scheidewände entfernen und das Fruchtfleisch fein hacken. Die Erbsen auspalen, in sprudelnd kochendem Salzwasser blanchieren, kalt abschrecken und gut abtropfen lassen.

3. Das Öl in einem Topf erhitzen und die Zwiebeln darin goldbraun anbraten. Paprikaschoten und Möhren weitere 5 Minuten mitbraten. Chilischoten, Erbsen und Kartoffeln zufügen und alles gut miteinander vermischen. Mit Garam Masala, Salz, Asant und Zitronensaft würzen und weitere 5 Minuten garen. Abkühlen lassen.

4. Die Linsen waschen, in einen Topf mit 600 ml Wasser zum Kochen bringen und 15 bis 20 Minuten garen. Ingwer und Zwiebeln schälen und fein hacken. Von den Linsen das Kochwasser abgießen, dabei 100 ml Flüssigkeit auffangen. Das Öl in einer Pfanne erhitzen und den Ingwer und die Zwiebeln darin goldbraun anbraten. Die Gewürze sowie Salz, Zucker und Zitronensaft zugeben und kurz mitbraten. Die Linsen und das Kochwasser unterrühren, alles gut miteinander vermischen und warmhalten.

5. Aus der Gemüsemasse 12 Frikadellen formen und in Semmelbröseln wenden. In einer entsprechend großen Pfanne das Öl erhitzen und die Frikadellen von jeder Seite etwa 4 Minuten goldbraun braten. Mit den Linsen auf vorgewärmte Teller anrichten und servieren.

Fritierter Blumenkohl

EINE IDEALE VORSPEISE ALS AUFTAKT ZU EINEM
ORIENTALISCHEN MENÜ.

Gemüse, in einen pikant gewürzten Teig gehüllt und im Fett schwimmend ausgebacken, gehört im Mittleren Osten sozusagen zum vegetarischen Standardprogramm. Man genießt dazu mit Vorliebe eine scharfe Sauce oder, wie in diesem Rezept, einen kühlen Joghurtdip. Die Häppchen werden ebensogern solo als Snack wie als Vorspeise zu warmem Fladenbrot oder auch zu Reis gegessen.

1 Blumenkohl (etwa 1,5 kg)
Wasser, Salz
Saft von 1/2 Limette
Für den Ausbackteig:
150 g Buchweizenmehl
50 g Mehl
1 TL Salz
2 TL Curry
1 TL Kurkuma
15 g frisch geriebene Ingwerwurzel
1/4 l Wasser
1 Eigelb
Für die Joghurtsauce:
50 g Frühlingszwiebeln
2 rote Chilischoten
200 g Joghurt (3,5 % Fett)
50 g Crème fraîche
1 Knoblauchzehe, fein gehackt
1/2 TL Salz
1 EL gehackte Petersilie
1 EL gehacktes Koriandergrün
1 EL Limettensaft
Außerdem:
1/2 l Öl zum Fritieren

Den Blumenkohl putzen, waschen, den Strunk entfernen und den Kopf in mittelgroße Röschen teilen (ergibt etwa 800 g). In einem entsprechend großen Topf genügend Wasser mit Salz und Limettensaft zum Kochen bringen und die Röschen darin 5 Minuten blanchieren. Mit der Schöpfkelle herausnehmen, kalt abschrecken und sorgfältig abtropfen lassen. Für den Ausbackteig beide Mehlsorten mit den Gewürzen in einer Schüssel vermischen. Wasser und Eigelb zufügen und alles zu einem glatten Teig verrühren. Beiseite stellen und zugedeckt 30 Minuten ruhen lassen. Für die Joghurtsauce die Frühlingszwiebeln putzen und in feine Ringe schneiden. Die Chilischoten halbieren, Samen und Scheidewände entfernen und das Fruchtfleisch fein hacken. Den Joghurt mit der Crème fraîche cremig rühren. Die Frühlingszwiebelringe, Chilischoten- und Knoblauchwürfel, Salz, Petersilie, Koriandergrün und den Limettensaft zufügen und alles gut vermischen. Das Öl in einem Wok oder einer Friteuse auf 180 °C erhitzen. Die Blumenkohlröschen fritieren, wie in der Bildfolge gezeigt, und sofort mit der Joghurtsauce servieren.

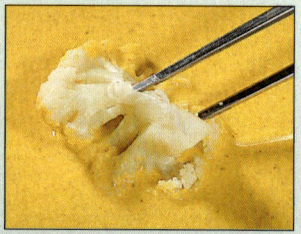

Die Blumenkohlröschen einzeln auf eine Fleischgabel spießen und nacheinander durch den Ausbackteig ziehen.

Im heißen Öl in 2 bis 3 Minuten goldbraun fritieren, mit der Schaumkelle aus dem Fett heben und abtropfen lassen.

Okra-Gemüse-Curry

MIT EINER SUBTIL AUFEINANDER ABGESTIMMTEN MISCHUNG VON GEWÜRZEN UND FRISCHEN KRÄUTERN.

Okraschoten, ursprünglich in Äthiopien beheimatet, sind heute in nahezu allen tropischen Zonen der Erde ein beliebtes Gemüse. Wie der Hibiskus gehören Okras zur Familie der Malvengewächse. Mit ihrem sanften aber doch unverwechselbaren Eigengeschmack eignen sie sich besonders als Zutat für Eintöpfe – wie für dieses Curry.

20 g Tamarindenmark
300 g festkochende Kartoffeln
200 g große Möhren, 350 g Okraschoten
6 grüne Chilischoten
250 g Auberginen, 250 g Yamswurzel
4 EL Pflanzenöl
1 TL Bockshornkleesamen
1 TL Kreuzkümmel
20 g frische Ingwerwurzel, geschält und gehackt
12 frische Curryblätter (ersatzweise getrocknete)
1/4 TL Asant (*Asa foetida*)
60 g Kichererbsenmehl
1/2 TL rotes Chilipulver, 1 TL gemahlene Kurkuma
Salz, 1 TL Zucker
1 TL gehackte Pfefferminze
Außerdem:
1 TL Korianderblättchen zum Bestreuen

Keinesfalls zerkocht soll das fertige Gemüsecurry sein, weshalb es wichtig ist, die einzelnen Sorten, entsprechend ihrer Garzeit, nach und nach in die Currysauce zu geben.

1. Das Tamarindenmark 20 Minuten in 125 ml heißem Wasser einweichen. Anschließend das Mark mit dem Wasser durch ein Sieb streichen.

2. Kartoffeln schälen und in 2 cm große Würfel schneiden. Möhren schälen und in Stifte von 4 cm Länge und 2 cm Breite schneiden. Die Okraschoten waschen und am Stielansatz wie einen Bleistift spitz zuschneiden, ohne dabei die Frucht zu verletzen. Von 2 Chilischoten die Samen und

Curry leaves, Blätter eines Rautengewächses aus Indien und Sri Lanka, sind die Namens- und Geschmackspaten für indische Curries. Frisch sind sie in unseren Breiten selten im Handel. Behelfen kann man sich mit getrockneten curry leaves (doppelte Menge verwenden).

Scheidewände entfernen und das Fruchtfleisch fein hacken. Von der Aubergine den Stielansatz entfernen und das Fruchtfleisch in 2 cm große Würfel schneiden. Die Yamswurzel schälen und in 1,5 cm große Würfel schneiden.

3. Das Pflanzenöl in einem entsprechend großen Topf erhitzen. Zuerst die Bockshornkleesamen darin anbraten, anschließend den Kreuzkümmel einstreuen und kurz mitbraten. Den Ingwer, die gehackten Chilischoten und die Curryblätter zugeben und 1 weitere Minute braten. Den Asant und das Kichererbsenmehl unter ständigem Rühren 4 bis 5 Minuten mitbraten. Die Hitze reduzieren, Chilipulver und Kurkuma untermischen und unter Rühren 2 bis 3 Minuten mitschwitzen. Nach

und nach 1,2 l Wasser angießen, dabei ständig kräftig umrühren. Das Ganze noch 10 Minuten köcheln lassen.

4. In weiterer Folge nacheinander zufügen: zuerst die Yamswurzel, nach 5 Minuten die Kartoffeln, nach weiteren 10 Minuten die Möhrenstifte und Auberginenwürfel, nach nochmals 5 Minuten die Okras. Das Gemüsecurry anschließend noch 10 Minuten weiterköcheln lassen.

5. Die restlichen grünen Chilischoten (unzerkleinert) mit Salz, Zucker, dem Tamarindenwasser und der gehackten Pfefferminze zum Curry geben, gut durchrühren und nochmals erhitzen. Mit Korianderblättchen bestreuen und servieren.

Kein Curry ist komplett ohne Rotis, Brotfladen aus Weizenvollkornmehl, die von Hand zu ihrer typischen dreieckigen Form ausgezogen werden.

Kath Katha

EIN INDISCHES CURRYGERICHT – REIN VEGETARISCH, MIT VIEL FRISCHEM GEMÜSE UND EINER RAFFINIERTEN WÜRZMISCHUNG.

Gewürze spielen in der indischen Küche die Hauptrolle und viele Gerichte erfordern eine eigens für sie zusammengestellte Mischung, sogenannte »masalas«. Deshalb sollte man sich auch bei diesem Gemüseeintopf genau an die Vorgaben für die Gewürzmischung halten, denn Menge und Kombination der einzelnen Zutaten bestimmen den Geschmack entscheidend. Die »masalas« entfalten ihr Aroma dann am besten, wenn sie eine Weile gekocht werden, bevor die restlichen Zutaten in den Topf kommen.

Für die Gewürzpaste:
80 g Zwiebeln, 6 getrocknete rote Chilischoten
2 EL Pflanzenöl, 80 g frisch geraspelte Kokosnuß
2 EL Koriandersamen, 4 Nelken
10 weiße Pfefferkörner, 1 Stück Zimtrinde
Für das Gemüsecurry:
100 g Zwiebeln, 1 Knoblauchzehe
2 EL Pflanzenöl
1/2 TL braune Senfkörner, 1/2 TL Kreuzkümmel
1/2 TL gemahlene Kurkuma, 1 Lorbeerblatt
1 Muskatblüte, Salz
200 g Möhren, 300 g Süßkartoffeln
300 g festkochende Kartoffeln
250 g grüne Bohnen
300 g Erbsen (ausgepalt etwa 150 g)
Außerdem:
250 g brauner Basmatireis, Salz
gehacktes Koriandergrün zum Bestreuen

1. Für die Gewürzpaste die Zwiebeln schälen und in dünne Ringe schneiden. Von den Chilischoten die Stiele am Ansatz abschneiden und die Samen entfernen. 1 EL Öl in einer beschichteten Pfanne erhitzen und die Kokosraspel darin unter ständigem Rühren 5 Minuten braten, herausnehmen. Das restliche Öl in der Pfanne erhitzen und Chillies und Koriandersamen darin anbraten. Nach 3 Minuten Nelken, Pfefferkörner und Zimtrinde unter ständigem Rühren 2 bis 3 Minuten mitbraten. Kokosraspel zugeben, alles gut miteinander vermengen und zusammen mit den Zwiebelringen und 1/8 l Wasser im Mörser zu einer gleichmäßigen Paste verreiben oder im Mixer fein pürieren.

2. Für das Gemüsecurry Zwiebeln und Knoblauch schälen und fein hacken. In einem entsprechend großen Topf 2 EL Öl erhitzen und Senfkörner, Kreuzkümmel und Kurkuma darin kurz anbraten. Nach 1 Minute das Lorbeerblatt, Knoblauch und Zwiebeln zugeben und 10 Minuten bei geringer Hitze anschwitzen. Die Gewürzpaste einrühren, Muskatblüte zugeben und 10 Minuten mitschwitzen. 3/4 l Wasser zugießen, salzen, einmal aufkochen lassen, gut umrühren und zugedeckt bei geringer Hitze köcheln lassen.

3. In der Zwischenzeit die Möhren putzen, Süßkartoffeln und Kartoffeln waschen und schälen. Alles in etwa 1,5 cm große Stücke schneiden. Die Bohnen waschen und putzen und in 3 cm große Stücke schneiden. Die Erbsen auspalen.

4. Den Reis in einem Sieb mit kaltem Wasser abspülen und abtropfen lassen. In einen Topf mit 1/2 l Wasser zum Kochen bringen. Die Temperatur reduzieren, salzen und zugedeckt etwa 15 Minuten quellen lassen, bis der Reis alle Flüssigkeit aufgesogen hat.

5. Die Möhren in den Topf mit dem Gewürzsud geben und 5 Minuten mitkochen. Dann die Kartoffelstücke zufügen, nach 10 Minuten die Bohnen und nach weiteren 5 Minuten die Erbsen zugeben. Alles zusammen noch 3 Minuten weiterkochen. Abschmecken, mit Koriandergrün bestreuen und mit dem Basmatireis servieren.

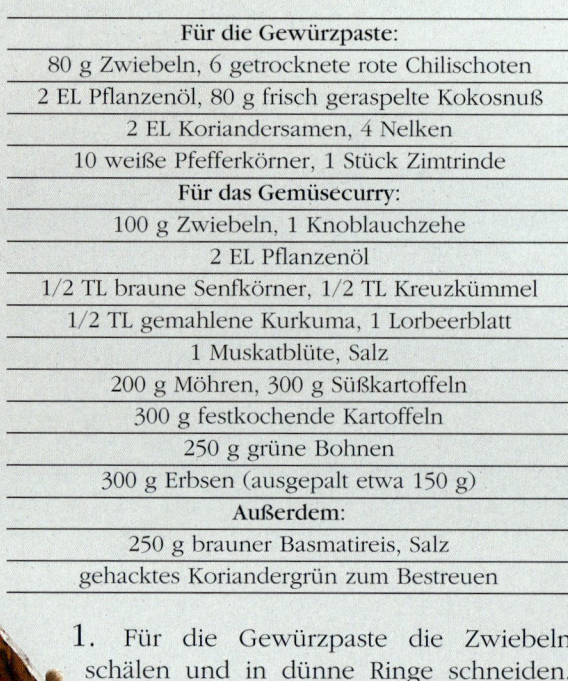

Mango-Bananen-Curry

FRÜCHTE WERDEN IN INDIENS KÜCHEN SEHR OFT PIKANT ZUBEREITET, ETWA ALS SCHARFES CURRY.

Wer mit der indischen Kochtradition nicht so vertraut ist, wird leicht zurückschrecken ob der Menge der benötigten Zutaten. Doch keine Angst, das meiste sind nur Gewürze. Davon sollte man allerdings eine gewisse Auswahl parat haben, wenn man original indisch kochen will. Eine Alternative bieten die in Asienshops erhältlichen, bereits fertig gemischten Currypulver, sogenannte Masalas, die es für die wichtigsten Produktgruppen wie Fisch, Fleisch, Meeresfrüchte, Geflügel, und eben auch für Gemüse gibt. Letzteres kommt für dieses Rezept in Frage. Was dann noch fehlt, ist zum einen die Schärfe – die liefern frische oder getrocknete Chilischoten – zum andern der typische Geschmack von Curryblättern. Leider sind sie hierzulande nur selten frisch zu bekommen, ersatzweise kann man auch getrocknete (doppelte Menge) verwenden.

100 g Zwiebeln, 1 Knoblauchzehe
10 Koriandersamen, 2 rote Chilischoten
3 EL Pflanzenöl, 5 g gemahlene Kurkuma
6 frische oder 12 getrocknete Curryblätter
400 ml Kokosmilch, 200 ml Gemüsefond
2 unreife Mangos (etwa 800 g)
500 g unreife Bananen
150 g grüne Paprikaschoten
1 TL Salz, frisch gemahlener weißer Pfeffer

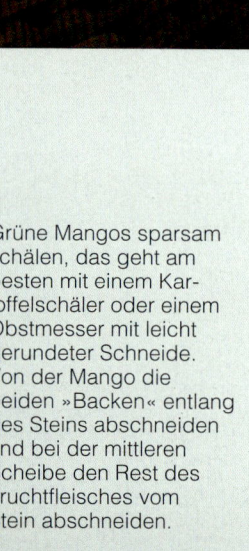

Grüne Mangos sparsam schälen, das geht am besten mit einem Kartoffelschäler oder einem Obstmesser mit leicht gerundeter Schneide. Von der Mango die beiden »Backen« entlang des Steins abschneiden und bei der mittleren Scheibe den Rest des Fruchtfleisches vom Stein abschneiden.

Außerdem:

50 g frisch geriebene Kokosnuß

Die Zwiebeln und den Knoblauch schälen und fein hacken. Die Koriandersamen in einem Mörser zerstoßen. Die Chilischoten halbieren, Samen und Scheidewände entfernen. Das Öl in einem Topf erhitzen und Zwiebel und Knoblauch darin hell anschwitzen. Koriander, Kurkuma, Curryblätter und Chillies 1 bis 2 Minuten mitbraten. Die Kokosmilch und den Gemüsefond zugießen und bei reduzierter Hitze 15 Minuten köcheln lassen. Die grünen Mangos vorbereiten, wie in der Bildfolge links gezeigt und das Fruchtfleisch in 2 cm große Würfel schneiden. Die grünen Bananen schälen und schräg in 1,5 cm breite Scheiben schneiden. Die Paprikaschote halbieren, Samen und Scheidewände entfernen und das Fruchtfleisch in 1 cm große Würfel schneiden. Die Paprikawürfel in der Sauce 3 Minuten mitköcheln, dann die Mangowürfel und die Bananenscheiben zugeben und alles noch 5 Minuten köcheln lassen. Mit Salz und Pfeffer würzen. Das Curry mit den geriebenen Kokosraspeln bestreuen und servieren. Wer möchte, röstet die Kokosraspel zuvor in einer beschichteten Pfanne goldgelb an.

Kleine Apfelbananen schmecken in einem Curry am besten. Keinesfalls sollte man Gemüsebananen oder -mangos kaufen, sondern statt dessen ganz normale Früchte, wie sie auch bei uns überall im Angebot sind, nur eben völlig unreif. Beide, Bananen und Mangos, sollen noch so richtig grün und hart sein.

Panch Foron – die indische Fünf-Gewürz-Mischung – ist ein geschmacklich wichtiger Bestandteil dieses Currygerichts. Sie besteht aus Senfkörnern, Fenchelsamen, Kreuzkümmel, Zwiebel- und Bockshornkleesamen. Bei uns ist diese Gewürzmischung in asiatischen Lebensmittelgeschäften erhältlich.

Blumenkohlcurry

EIN EINFACHES, ABER REIZVOLLES GEMÜSECURRY AUS SÜDINDIEN, DAS MIT REIS ODER BAGHIAS, EINE ART KROKETTEN, SERVIERT WIRD.

»Curry« hat viele Gesichter. Was in Europa gemeinhin als Gewürzbegriff verwendet wird, bezeichnet in Asien das komplette Gericht. Doch ein indisches Curry hat mit einem chinesischen außer dem Namen wenig gemein. Die unterschiedlichen Zutaten und Würzgewohnheiten lassen den Kenner leicht erkennen, aus welcher Region ein Curryrezept stammt.

1 Blumenkohl (etwa 1 kg)
500 g festkochende Kartoffeln
120 g Frühlingszwiebeln, 15 g frische Ingwerwurzel
250 g Tomaten, 2 Chilischoten
300 g Erbsenschoten (ausgepalt 150 g)
5 EL Pflanzenöl, 1 EL Panch Foron
10 g frische Kurkumawurzel, gerieben
1 TL gemahlener Kreuzkümmel
2 TL edelsüßes Paprikapulver
Salz, frisch gemahlener Pfeffer
400 ml Gemüsefond, 1 EL gehacktes Koriandergrün
80 g Joghurt, 1 TL Garam Masala

1. Den Blumenkohl putzen, den Strunk abschneiden und den Kohl in mittelgroße Röschen teilen. Unter fließendem Wasser sorgfältig waschen. Die Kartoffeln ebenfalls waschen, schälen und in 3 cm große Stücke schneiden. Die Zwiebeln putzen und in dünne Ringe schneiden. Die Ingwerwurzel schälen und fein hacken. Die Tomaten blanchieren, häuten, vierteln und Stielansatz und Samen entfernen. Die Chilischoten halbieren, Samen und Scheidewände entfernen und das Fruchtfleisch in feine Streifen schneiden. Die Erbsen auspalen.

2. Das Öl in einem großen Topf erhitzen und das Panch Foron unter Rühren darin anschwitzen, bis es zu duften beginnt. Die Frühlingszwiebeln zugeben und glasig anschwitzen. Die Kartoffelstücke, Blumenkohlröschen und Chilistreifen bei mittlerer Hitze 3 bis 4 Minuten mitbraten. Mit Kurkuma, Ingwer, Kreuzkümmel, Paprikapulver, Salz und Pfeffer würzen. Alles weitere 3 bis 4 Minuten unter gelegentlichem Rühren braten.

3. Den Gemüsefond angießen und das Curry bei mittlerer Hitze 20 Minuten köcheln lassen, bis der Blumenkohl und die Kartoffeln bißfest sind, dabei mehrmals umrühren. Nach 15 Minuten die Tomaten und Erbsen zugeben und das Curry mit dem Koriandergrün bestreuen.

4. Den Joghurt über das Blumenkohlcurry gießen, mit Garam Masala bestreuen, in Schalen oder auf Teller anrichten und servieren.

Die Kokospalme
gehört zu den wichtigsten Agrarprodukten in den südindischen Staaten. Was natürlich nicht ohne Folge für die Küche dieser Regionen bleibt, nur wenige Gerichte kommen dort ganz ohne den Kokosgeschmack aus.

Curry von Gemüsepapayas und Süßkartoffeln

SÜSS UND DOCH PIKANT: EINE KOMBINATION VON SCHARFEN GEWÜRZEN UND SÜSSEM GEMÜSE.

Im Süden Indiens liebt man das Aroma frischer Kokosnuß besonders, vor allem in Verbindung mit unterschiedlichem Gemüse. Das folgende, exotisch anmutende Rezept ist ein Beispiel dafür, wie gut sich die Schärfe von Chilischoten und grobgeschrotetem Pfeffer mit dem süßlichen Geschmack von Kokosmilch und Süßkartoffeln verträgt. Wer diese nicht bekommt, kann statt dessen auch feste Salatkartoffeln verwenden. Die Gemüsepapayas, bei denen es sich um unreife Papayas handelt, lassen sich durch grüne, feste Obstpapaya ersetzen. Sie sind nur gekocht oder in anderer Form zubereitet zum Verzehr geeignet. Man erkennt sie an ihrem hellen Fruchtfleisch sowie an den noch weißen Kernen. Reif geerntet, kommen sie bei uns als Früchte in den Handel, wobei es jeweils speziell gezüchtete Sorten für die Verwendung von Papaya als Gemüse und als Obst gibt.

50 g Zwiebel, 2 Knoblauchzehen
1 Stengel Zitronengras (15 g), 2 rote Chilischoten
20 g frische Ingwerwurzel
1/2 TL schwarze Pfefferkörner

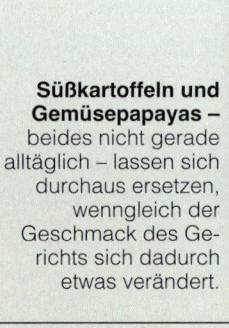

Süßkartoffeln und Gemüsepapayas – beides nicht gerade alltäglich – lassen sich durchaus ersetzen, wenngleich der Geschmack des Gerichts sich dadurch etwas verändert.

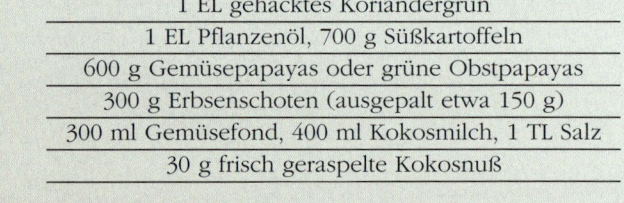

1 EL gehacktes Koriandergrün
1 EL Pflanzenöl, 700 g Süßkartoffeln
600 g Gemüsepapayas oder grüne Obstpapayas
300 g Erbsenschoten (ausgepalt etwa 150 g)
300 ml Gemüsefond, 400 ml Kokosmilch, 1 TL Salz
30 g frisch geraspelte Kokosnuß

1. Die Zwiebel und den Knoblauch schälen und beides fein hacken. Das Zitronengras in feine Ringe schneiden. Die Chilischoten halbieren, Samen und Scheidewände entfernen und das Fruchtfleisch fein hacken. Die Ingwerwurzel schälen und fein reiben. Zwiebel-, Knoblauch- und Chiliwürfel sowie

Zitronengras, Ingwerwurzel, Pfefferkörner und Koriandergrün in einem Mörser zu einer feinen Paste verreiben.

2. Süßkartoffeln schälen und in 1,5 cm große Würfel schneiden. Papayas schälen, halbieren, die Samen mit einem Löffel entfernen und das Fruchtfleisch in 2 cm große Würfel schneiden. Die Erbsen auspalen, in kochendem Salzwasser blanchieren und kalt abschrecken.

3. In einem großen Topf das Öl erhitzen und die Gewürzpaste darin unter ständigem Rühren 3 Minuten anbraten.

4. Die Papayawürfel in den Topf zu der Gewürzpaste geben, den Gemüsefond sowie die Kokosmilch zugießen und alles einmal vorsichtig durchrühren. Bei reduzierter Hitze etwa 20 Minuten köcheln lassen. Die Süßkartoffeln nochmals 15 Minuten und die Erbsen weitere 5 Minuten mitköcheln. Salzen.

5. In einer beschichteten Pfanne die Kokosraspel ohne Zugabe von Fett goldbraun rösten. Das Gemüsecurry in Portionsschälchen anrichten, mit den gerösteten Kokosraspeln bestreuen und servieren. Als Beilage dazu paßt Basmati-Reis ganz ausgezeichnet.

Fried rice in pineapple

»MAO YONG« – SO HEISST DER GEBRATENE REIS, SERVIERT
IN EINER ANANASHÄLFTE, IN THAILAND.

Ein richtiger »fried rice« gelingt nur mit gekochtem Reis vom Vortag. Deshalb muß, will man das folgende Rezept ausprobieren, der Reis einen Tag vorher zubereitet werden. Wichtig ist außerdem die Wahl der Ananas. Die grün geernteten, für den Export per Schiff bestimmten Früchte erreichen niemals das Aroma reifer Früchte. Zwar etwas teurer, doch geschmacklich wesentlich besser, sind vollreif geerntete Ananasfrüchte, die auf dem Luftweg zu uns kommen.

350 g Jasminreis (thailändischer Duftreis)
1 TL Salz
50 g Schalotten, 3 Knoblauchzehen
200 g Weißkohlblätter, 100 g Reisstrohpilze
1 große oder 2 kleine Ananas
1 TL gemahlene Kurkuma, 1 TL Currypulver

Ungewohnt intensiv ist der Duft der tropischen Früchte und exotischen Gemüse, die die thailändischen Marktfrauen körbeweise auf dem Wochenmarkt verkaufen.

1 TL Zucker
Salz, frisch gemahlener Pfeffer
4 EL Erdnußöl

1. Den Reis in einer Schüssel mit Wasser bedecken und 1/2 Stunde einweichen. Durch ein Sieb abgießen und unter fließendem Wasser abspülen, bis das Wasser klar ist. In einem feuerfesten Topf 600 ml Wasser zum Kochen bringen, Reis und Salz zuschütten, die Hitze reduzieren und 10 Minuten köcheln lassen. Vom Herd nehmen und bei 150 °C im vorgeheizten Ofen 1/2 Stunde fertiggaren. Herausnehmen, abkühlen lassen und bis zur weiteren Verwendung am nächsten Tag in den Kühlschrank stellen.

2. Die Schalotten schälen und in dünne Scheiben schneiden. Knoblauch schälen und fein hacken. Von den Weißkohlblättern die groben Rippen entfernen und diese in 1 cm große Quadrate schneiden. Reisstrohpilze halbieren. Die Ananas ebenfalls halbieren, den holzigen Strunk entfernen, dabei die Blattkrone nicht abschneiden. Die Ananashälften aushöhlen und das Fruchtfleisch in 1 cm große Würfel schneiden. Die leeren Fruchthälften beiseite stellen.

3. Das Öl im Wok erhitzen, bis es leicht raucht. Schalotten und Knoblauch darin goldbraun braten. Kurkuma und Currypulver einrühren. Weißkohl, Ananas, Reisstrohpilze und Zucker zugeben und unter ständigem Rühren 5 Minuten braten. Den gekochten Reis vom Vortag zugeben und weitere 5 Minuten pfannenrühren. Mit Salz und Pfeffer würzen.

4. Die Mischung in die Ananashälften füllen und bei 180 °C im vorgeheizten Ofen 10 Minuten backen. Herausnehmen und servieren.

Frisches Gemüse gibt es auf Thailands Märkten in Hülle und Fülle. Bei einem derart reichhaltigen Angebot fällt die Wahl schwer, doch läßt es sich sehr preiswert einkaufen.

Gebratenes Gemüse mit Eiernudeln

MIT EINER SCHARFGEWÜRZTEN SAUCE – EINE SPEZIALITÄT DER THAILÄNDISCHEN KÜCHE.

Nicht allein im Reich der Mitte, auch in Thailand versteht man sich hervorragend auf die vitaminschonende Garmethode des Pfannenrührens.

Für das Gemüse:
400 g Blumenkohl, 300 g Brokkoli
100 g Zuckerschoten, 200 g Mangold
100 g Maiskölbchen, 5 EL Erdnußöl
Für die Würzsauce:
2 Knoblauchzehen, 2 rote Chilischoten
10 g frische Ingwerwurzel
60 g Frühlingszwiebeln, 1/8 l Gemüsefond
2 EL vegetarische Austernsauce, 3 EL helle Sojasauce
1 TL zerstoßener Szechuanpfeffer, Salz nach Bedarf
1 schwach gehäufter TL Speisestärke
Außerdem:
200 g Mee (Eiernudeln), Salz
1 EL gehacktes Koriandergrün

1. Vom Blumenkohl die Hüllblätter entfernen. Mit einem scharfen Messer den Strunk abtrennen und den Kohl in mittelgroße Röschen zerteilen. Den Brokkoli in Röschen zerteilen, die Stiele schälen, in etwa 1 cm große Stücke schneiden. Zuckerschoten putzen. Mangold waschen, die Blätter von den Stielen trennen und grob

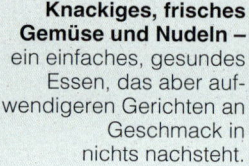

Knackiges, frisches Gemüse und Nudeln – ein einfaches, gesundes Essen, das aber aufwendigeren Gerichten an Geschmack in nichts nachsteht.

zerkleinern. Von den Stielen die Fäden abziehen und diese in 4 cm lange Stifte schneiden.

2. Den Blumenkohl und die Maiskölbchen in sprudelnd kochendem Salzwasser garen. Nach 5 Minuten Brokkoli und Zuckerschoten zufügen und weitere 5 Minuten mitkochen. Das Gemüse mit einem Schaumlöffel herausheben und gut abtropfen lassen.

3. Für die Würzsauce Knoblauchzehen schälen und in feine Scheibchen schneiden. Von den Chilischoten den Stielansatz abschneiden und das Fruchtfleisch in Ringe schneiden, dabei die Sa-

men entfernen. Den Ingwer schälen und in feine Stifte schneiden. Die Frühlingszwiebeln putzen und in 2 cm lange Stücke schneiden.

4. Die Eiernudeln in genügend sprudelnd kochendem Salzwasser al dente kochen, abseihen, gut abtropfen lassen und warm halten.

5. Das Öl im Wok erhitzen und den Blumenkohl sowie die Maiskölbchen unter Rühren 4 Minuten darin braten, herausheben. Brokkoli, Zuckerschoten und Mangoldstiele 3 Minuten im Wok pfannenrühren, die Mangoldblätter zufügen, alles noch weitere 2 Minuten braten und herausnehmen. Im verbleibenden Öl Knoblauchscheibchen, Chiliringe, Ingwerstifte und Frühlingszwiebelstücke 1 Minute braten. Den Gemüsefond bis auf 1 EL zugießen. Mit der vegetarischen Austernsauce, Sojasauce und Szechuanpfeffer würzen. Salzen nach Bedarf. Die Speisestärke mit dem restlichen Fond anrühren, die Sauce damit binden und einmal aufkochen lassen. Das gebratene Gemüse zufügen und in der Sauce kurz erwärmen.

6. Das Gemüse in Schalen anrichten und mit dem gehackten Koriander bestreuen. Die Nudeln separat dazureichen oder – ganz nach Belieben – unter das gebratene Gemüse mischen.

Gebratener Tofu mit Erdnüssen und Gemüse

MARINIERT UND MIT INGWER UND KNOBLAUCH IM WOK GEBRATEN, WIRD SOJAQUARK ZUR DELIKATESSE.

»Bean-curd« oder **»Tofu«** ist eine der Errungenschaften der chinesischen Küche, die sich auf thailändischen Märkten in vielen Varianten wiederfindet.

Viele Alltagsgerichte Südostasiens, so auch in Thailand, sind vegetarischer Natur. Einige kommen sogar ohne jegliches tierische Eiweiß aus, wie dieses Rezept mit gebratenem Tofu. Dazu paßt duftender Basmati-Reis.

500 g Tofu
1 EL dunkle Sojasauce, 2 EL helle Sojasauce
Salz, 1 TL Speisestärke
150 g frische Erdnüsse, in der Schale
2 grüne Chilischoten, 10 g Ingwer
2 Knoblauchzehen
150 g rote Paprikaschote
100 g Frühlingszwiebeln
Für die Würzsauce:
200 ml Gemüsefond
1 EL dunkle Sojasauce
2 EL helle Sojasauce
1 TL weißer Reisessig (5% Säure)
1 TL Speisestärke
1/2 TL Szechuanpfefferkörner

Außerdem:
1/2 l Pflanzenöl zum Fritieren
1 EL Schnittknoblauchröllchen (Chinese chive)

1. Den Tofu in 2 cm große Würfel schneiden. Die dunkle und helle Sojasauce, das Salz und die Speisestärke in einer Schüssel verrühren. Die Tofuwürfel darin wenden und zugedeckt 30 Minuten marinieren.

2. Für das Gemüse die Erdnüsse schälen und die braunen Häutchen entfernen. Die Chilischoten halbieren, die Samen und Scheidewände entfernen und das Fruchtfleisch in dünne Streifen schneiden. Ingwer und Knoblauch schälen und fein hacken. Die Paprikaschote halbieren, Samen und Scheidewände entfernen und das Fruchtfleisch in 5 mm große Würfel schneiden. Die Frühlingszwiebeln putzen und schräg in 2 cm große Stücke schneiden.

3. Für die Würzsauce den Gemüsefond mit den Sojasaucen, dem Essig und der Speisestärke in einer Schüssel verquirlen. Den Pfeffer im Mörser fein zerstoßen und in die Sauce rühren.

4. Zum Fritieren das Pflanzenöl im Wok auf 180 °C erhitzen. Die Tofuwürfel aus der Marinade nehmen, gut abtropfen lassen und portionsweise etwa 2 Minuten goldgelb braten und herausnehmen. Die Erdnüsse 1 Minute im Wok fritieren, ebenfalls herausnehmen und abtropfen lassen.

5. Das Öl bis auf etwa 2 EL abgießen und erneut erhitzen. Die Chilistreifen sowie den gehackten Ingwer und den Knoblauch unter Rühren kurz darin anbraten. Die Paprikawürfel und die Frühlingszwiebeln 2 Minuten mitbraten. Die Würzsauce zugießen, einmal aufkochen, die Tofuwürfel und Erdnüsse unterrühren und 1 weitere Minute köcheln lassen. Auf Teller anrichten, mit dem Schnittknoblauch bestreuen und sofort servieren.

Gebratener Gemüsereis mit Eiern

AUF DEN ERSTEN BLICK DEM »NASI GORENG« ÄHNLICH, JEDOCH GANZ ANDERS IM GESCHMACK.

Ein Essen ohne Reis ist in Bali kein Essen, denn Reis wird einfach zu jeder Mahlzeit serviert. Im Unterschied zum indonesischen Nationalgericht ist hier bei diesem Rezept jedoch der Gemüseanteil wesentlich höher, und die Eier werden gekocht dazu serviert. Durch und durch hart dürfen sie allerdings nicht sein, das Eigelb sollte im Kern noch weich bleiben.

Candlenuts oder Kemirinüsse verfeinern mit ihrem angenehmen, dezenten Geschmack viele Gerichte der asiatischen Küche. Gelagert werden sollten die Verwandten der Macadamianuß im Kühlschrank, da sie aufgrund ihres hohen Ölgehalts schnell ranzig werden. Länger halten sie sich in der Schale. Weil diese aber ungewöhnlich hart ist, braucht's zum Öffnen einen großen Hammer.

400 g Basmati-Reis, 1 TL Salz
4 Eier, 50 g Schalotten, 2 Knoblauchzehen
15 g frische Ingwerwurzel, 2 rote Chilischoten
60 g Frühlingszwiebeln, 200 g grüne Bohnen
150 g Möhren, 80 g Stangensellerie
250 g Tomaten, 5 EL Pflanzenöl, 100 ml Gemüsefond
2 EL vegetarische Austernsauce, 3 EL helle Sojasauce
Salz, frisch gemahlener Pfeffer
1/2 TL gemahlene Kurkuma
40 g Candlenuts, gehackt und geröstet
Abgeriebenes und Saft von 1/2 Limette
1/2 TL Palmzucker
Korianderblättchen zum Bestreuen

1. Den Reis in einem Sieb gut mit kaltem Wasser abbrausen. In einem Topf 1 l Wasser mit dem Salz zum Kochen bringen, den Reis zuschütten und einmal aufkochen lassen. Die Hitze reduzieren und den Reis im geschlossenen Topf in 15 bis 20 Minuten fertiggaren. In ein Sieb schütten und gut abtropfen lassen.

Reisfelder vor dem Mount Agung im Osten Balis. Bilderbuchlandschaften wie diese gibt es auf der Reisinsel in Hülle und Fülle. Ein lohnendes Reiseziel, zumal die Kochkunst der Insel mit ihrer landschaftlichen Schönheit durchaus mithalten kann.

2. Die Eier in kochendem Wasser 8 Minuten garen, kalt abschrecken, schälen und in temperiertem Wasser warmhalten.

3. Schalotten, Knoblauchzehen und Ingwer schälen und fein hacken. Die vom Stielansatz befreiten Chilischoten in dünne Ringe schneiden, dabei die Samen entfernen. Die Frühlingszwiebeln putzen und ebenfalls in Ringe schneiden. Grüne Bohnen waschen, putzen und in etwa 3 cm lange Stücke brechen. Die Möhren schälen und in 4 cm lange, dünne Stifte, den Stangensellerie in Scheiben schneiden. Tomaten blanchieren, häuten, Stielansatz und Samen entfernen und das Fruchtfleisch in 1 cm große Würfel schneiden.

4. Im Wok 2 EL Öl erhitzen und den Reis darin unter Rühren 2 bis 3 Minuten braten. Herausnehmen und beiseite stellen. Das restliche Öl erhitzen und die Schalotten-, Knoblauch- und Ingwerwürfel 1 Minute darin braten. Frühlingszwiebeln, Bohnen, Möhren, Chiliringe und Sellerie zugeben, 3 Minuten pfannenrühren. Den Gemüsefond angießen und 5 Minuten köcheln lassen. Die Tomaten 2 Minuten mitköcheln. Mit den Saucen, Salz, Pfeffer und Kurkuma würzen. Dann Candlenuts, Limettenschale und -saft, Palmzucker und gebratenen Reis zugeben, alles vorsichtig vermischen und abschmecken. Den Gemüsereis in Schälchen anrichten, mit den längs halbierten Eiern belegen und mit Korianderblättchen garnieren.

Bananengemüse mit Reis im Eierkuchen

DAS EXOTISCHE GEMÜSE ERHÄLT SEINE BESONDERE NOTE DURCH AUSGEWÄHLTE GEWÜRZE UND AROMATISCHEN DUFTREIS.

Gemüsebananen oder Kochbananen ähneln ihrer mehligen Konsistenz wegen der Kartoffel und werden auch ganz ähnlich zubereitet: geschält und gekocht, fritiert, gebraten oder püriert. Sie eignen sich nicht zum Rohverzehr. Die Gemüsebananen können übrigens durch unreife Obstbananen ersetzt werden.

400 g thailändischer Duftreis, 3/4 l Wasser, Salz
2 Chilischoten, 15 g frische Ingwerwurzel
10 g Zitronengras, 80 g Frühlingszwiebeln
80 g Stangensellerie, 100 g Weißkraut
100 g Möhren, 200 g rote Paprikaschoten
400 g reife Gemüsebananen
etwas Mehl zum Bestauben
5 EL Pflanzenöl
1 TL gestoßener Szechuanpfeffer
150 ml Gemüsefond, 3 EL helle Sojasauce
1/2 EL gehackter Vietnamesischer Koriander
Für die Eierkuchen:
100 g Mehl, 1/8 l Wasser, 2 Eier, Salz
frisch gemahlener weißer Pfeffer, 2 EL Pflanzenöl

1. Den Reis in leicht gesalzenem Wasser 10 Minuten zugedeckt kochen. Vom Herd nehmen und im vorgeheizten Ofen bei 200 °C zugedeckt weitere 10 Minuten garen.

▼ **Eine scharfe süß-saure Sauce** paßt besonders gut zu den gefüllten Eierkuchen. Dafür 1 rote Paprikaschote (180 g), 5 thailändische rote Chilischoten ohne Samen und Scheidewände und 2 Knoblauchzehen im Mörser zerreiben. Die Paste in einem Topf mit 1/4 l Wasser, 8 EL Essig, 400 g Zucker und 1/2 TL Salz aufkochen und bei kleiner Hitze in etwa 30 Minuten sämig einkochen lassen.

2. Für die Eierkuchen das Mehl in einer Schüssel mit dem Wasser glattrühren. Die Eier mit dem Schneebesen untermischen. Salzen und pfeffern. Den Teig 30 Minuten ruhen lassen.

3. Die Chilischoten halbieren, von Samen und Scheidewänden befreien; den Ingwer schälen und ebenso wie die Chilischoten fein hacken. Das Zitronengras in feine Ringe schneiden. Die Frühlingszwiebeln putzen und in Ringe schneiden. Den Stangensellerie in Scheibchen, das Weißkraut in feine Streifen schneiden. Die Möhren schälen und in etwa 4 cm lange feine Stifte schneiden. Die Paprikaschoten halbieren, Samen und Scheidewände entfernen, das Fruchtfleisch in Rauten von 1 cm Kantenlänge schneiden. Die Gemüsebananen schälen, in Scheiben schneiden und leicht mit Mehl bestauben.

4. Für die Eierkuchen in einer Pfanne von 20 cm Durchmesser etwas Öl erhitzen, 1/4 des Teiges hineingießen und von beiden Seiten goldgelb backen. Auf die Weise 3 weitere Eierkuchen backen und warmstellen.

5. Das Öl im Wok erhitzen, Gewürze und Frühlingszwiebeln darin kurz braten. Das vorbereitete Gemüse zugeben, 6 bis 8 Minuten pfannenrühren und herausnehmen. Die Bananen in einem Wok 2 bis 3 Minuten braten. Das Gemüse und den Reis zugeben und alles nochmals 2 Minuten braten. Gemüsefond und Sojasauce einrühren. Nach Bedarf salzen und den Koriander einstreuen.

6. Die Eierkuchen tütenförmig zusammenfalten, auf Teller legen und mit der Gemüse-Reis-Mischung füllen.

Duftreis mit Süßkartoffeln und Golden Bean-curd

TOFUSCHEIBEN, IM WOK GEBACKEN, ZU KNACKIGEM GEMÜSE MIT EINER SCHARFEN ROTEN SAUCE.

Reis und Gemüsegerichte stellen einen wichtigen Anteil am Speiseplan der Küche Malaysias. Der hier verwendete, vom thailändischen Nachbarn importierte Duftreis, zählt zu den besten Reissorten der Welt. Die weißen, polierten Reiskörner entwickeln beim Kochen einen betörenden Duft. Richtig gekocht ist er dann, wenn die Körnchen eben aneinander haften. Um dieses Aroma nicht zu übertönen, muß man bei der Wahl der würzenden Zutaten vorsichtig sein und sich hier genau an die Angaben halten. So sollte es auch wirklich ein Reisessig sein, da dieser aufgrund seines geringen Säuregehalts (3 %) wesentlich milder ist als die hierzulande gebräuchlichen Sorten.

Groß ist die Auswahl an bekannten wie exotischen Gemüsesorten in dieser malaiischen Markthalle. Im Vordergrund Bananenblüten, die als Gemüse beliebt sind.

Überaus dekorativ präsentiert sich dieses köstliche malaiische Gericht. Damit den Zuckerschoten Flügel wachsen, müssen sie vor dem Anbraten längs eingeschnitten werden.

120 g Süßkartoffeln	
240 g thailändischer Duftreis	
480 ml Wasser, Salz	
120 g Zuckerschoten, 100 g Tofu	
150 g Erbsenschoten (ausgepalt etwa 40 g)	
3 EL Pflanzenöl, 1/4 TL Zucker	
1/4 TL gemahlener Ingwer	
1 Stengel Zitronengras, in feine Ringe geschnitten	
grob zerstoßener Szechuanpfeffer	
1 EL Chilisauce, 1/2 TL helle Sojasauce	
3 EL Tomatenketchup, 1/2 TL Reisessig	
Außerdem:	
einige Korianderblättchen zum Garnieren	
Bean-curd sticks (Bohnenquarkstäbchen)	
Öl zum Fritieren	

1. Die Süßkartoffeln schälen, waschen und in etwa 1 cm große Würfel schneiden. Den Reis in ein Sieb schütten und mit kaltem Wasser gründlich abbrausen. In einem Topf das leicht gesalzene Wasser zum Kochen bringen und den Reis und die Kartoffeln darin 15 bis 20 Minuten bei mittlerer Hitze garen.

2. Die Zuckerschoten waschen, putzen und an den »Nähten« der Länge nach bis zur Hälfte einschneiden. Den Tofu in etwa 1 cm dicke Scheiben oder in andere, im Durchmesser etwa 2 cm große Stücke schneiden. Die Erbsen aus den Schoten palen und in sprudelnd kochendem Wasser blanchieren. Abgießen und abtropfen lassen.

3. Das Öl im Wok erhitzen, die Tofustücke darin von allen Seiten goldgelb braten, herausnehmen und warmhalten. Zuckerschoten zufügen und 1 Minute braten. Die Erbsen 1 weitere Minute mitbraten und herausnehmen. Im verbliebenen Öl Zucker, Ingwer, Zitronengras, Szechuanpfeffer, Chili- und Sojasauce und das Tomatenketchup sowie den Reisessig zu einer Sauce verrühren.

4. Den Duftreis mit den Süßkartoffelwürfeln in der Mitte der vorgewärmten Teller anrichten. Zuckerschoten, Erbsen und den Tofu rundherum verteilen. Mit der Sauce beträufeln und, garniert mit Korianderblättchen und vorher eingeweichten, dann fritierten Bean-curd sticks, servieren.

Bryani Reis mit Auberginengemüse

DER EXOTISCH GEWÜRZTE BASMATI-REIS WIRD
MIT FRITIERTEN AUBERGINENCHIPS GARNIERT.

Die verschiedenen, für dieses Gericht benötigten Gewürze gibt es in asiatischen Spezialgeschäften. Sind keine frischen Curryblätter (Curry leaves) erhältlich, können sie durch getrocknete ersetzt werden. Da ihr Aroma jedoch bei weitem nicht so intensiv ist, sollte man in diesem Fall die doppelte Menge verwenden.

50 g Schalotten, 3 bis 4 rote Chilischoten
3 Knoblauchzehen, 20 g frische Ingwerwurzel
400 g Auberginen, 4 EL Erdnußöl
20 g gemahlene Kurkuma
80 g gehackte Candlenuts (Kemirinüsse)
1 Rispe frischer Curryblätter, 30 ml Gemüsefond
200 ml Kokosmilch, Salz
Für den Reis:
30 g Schalotten, 60 g Ghee (oder Butterschmalz)
10 g Zimtrinde, 8 Kardamomsamen, 6 Nelken
30 g frische Ingwerwurzel, geschält und gehackt
3 Knoblauchzehen, feingehackt, 400 g Basmati-Reis
Salz, 40 ml Rosenwasser, 1 Messerspitze Safranfäden
Außerdem:
100 g Aubergine, 200 ml Pflanzenöl zum Fritieren

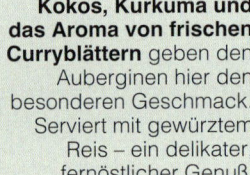

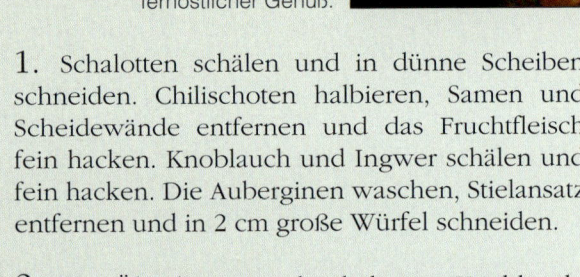

Kokos, Kurkuma und das Aroma von frischen Curryblättern geben den Auberginen hier den besonderen Geschmack. Serviert mit gewürztem Reis – ein delikater, fernöstlicher Genuß.

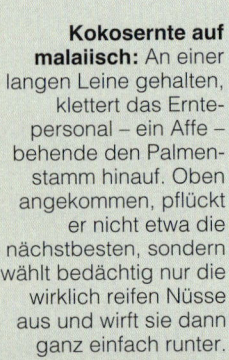

Kokosernte auf malaiisch: An einer langen Leine gehalten, klettert das Ernte-personal – ein Affe – behende den Palmen-stamm hinauf. Oben angekommen, pflückt er nicht etwa die nächstbesten, sondern wählt bedächtig nur die wirklich reifen Nüsse aus und wirft sie dann ganz einfach runter.

1. Schalotten schälen und in dünne Scheiben schneiden. Chilischoten halbieren, Samen und Scheidewände entfernen und das Fruchtfleisch fein hacken. Knoblauch und Ingwer schälen und fein hacken. Die Auberginen waschen, Stielansatz entfernen und in 2 cm große Würfel schneiden.

2. Das Öl erhitzen und Schalotten, Knoblauch, Chillies, Ingwer, Kurkuma und Candlenuts 2 Mi-nuten unter Rühren darin anbraten. Die Auberginenwürfel zugeben, 5 Minuten mitbraten. Curry-blätter einlegen, weitere 3 Minuten unter Rühren braten. Mit dem Gemüsefond ablöschen, Kokos-milch zugießen und salzen. Weitere 10 bis 15 Mi-nuten leicht köcheln lassen und warmhalten.

3. Für den Reis Schalotten schälen und in dünne Scheiben schneiden. In einem feuerfesten Topf das Fett (Ghee oder Butterschmalz, ersatzweise 4 EL Erdnußöl) erhitzen und Zimtrinde, Kardamom und Nelken darin unter ständigem Rühren 2 Minuten anbraten. Ingwer, Knoblauch und Schalotten zugeben und leicht anbräunen. Den Reis auf einmal zuschütten und 3 bis 4 Minuten unter Rühren mitbraten. Mit 800 ml Wasser ablöschen, salzen, einmal aufkochen und simmern lassen, bis der Reis nur noch knapp mit Wasser bedeckt ist, dabei öfters umrühren.

4. Den Reis vom Herd nehmen und zugedeckt bei 150 °C im vorgeheizten Ofen in 20 Minuten fertiggaren. In der Zwischenzeit das Rosenwasser mit dem Safran 1 Minute kochen und nach 15 Minuten der Garzeit über den Reis träufeln.

5. Für die Chips die Aubergine waschen, Stielansatz entfernen und das Fruchtfleisch quer in 1 bis 2 mm dünne Scheiben schneiden. In einem hochwandigen Topf oder in einer Friteuse das Öl auf 180 °C erhitzen. Die Auberginenscheiben darin kurz fritieren, herausnehmen und gut auf Küchenpapier abtropfen lassen.

6. Den Reis in Schüsseln oder auf Teller anrichten, das Auberginengemüse darüber verteilen und mit den fritierten Auberginenchips garnieren.

Reis im Kürbis

VIELFÄLTIG IN FORM UND FARBE: KLEINE MOSCHUSKÜRBISSE EIGNEN SICH HERVORRAGEND ZUM FÜLLEN.

Besonders gut sind die zur Gattung der Moschus-kürbisse zählenden, dunkelgelben Hokkaido-Kürbisse mit ihrem angenehm festen, aber nicht harten Fruchtfleisch.

1 EL Pflanzenöl, 250 g Jasmin-Vollkornreis
500 ml Gemüsefond, Salz
2 Hokkaido-Kürbisse (je etwa 1 kg)
Für die Füllung:
40 g frische Ingwerwurzel, 2 Knoblauchzehen
80 g Frühlingszwiebeln, 2 kleine rote Chilischoten
80 g Stangensellerie, 150 g Zuckerschoten
350 g Tomaten
2 EL Pflanzenöl, 1 TL gemahlene Kurkuma
1/2 TL gemahlener Kreuzkümmel
3 Kardamomkapseln, 1 Stück Zimtrinde
Salz, frisch gemahlener Pfeffer
1 TL Blätter des chinesischen Gewürzstrauchs

1. Das Öl in einem Topf erhitzen und den Reis darin glasig anbraten. Gemü-sefond zugießen, salzen und den Reis 15 Minuten köcheln.

2. Von den Kürbissen einen Deckel abschneiden und die Kerne mit einem Löffel entfernen. Sollte die Höhlung zum Füllen zu klein sein, rundum etwas Fruchtfleisch abschaben und, in kleine Würfel geschnitten, mit zur Füllung geben.

3. Für die Füllung Ingwer und Knoblauch schälen und fein hacken. Die Frühlingszwiebeln putzen und in dünne Ringe schneiden. Die Chilischoten halbieren, Samen und Scheidewände entfernen und das Fruchtfleisch in feine Streifen schneiden. Stangensellerie und Zuckerschoten putzen, den Sellerie in dünne Scheibchen schneiden und die Zuckerschoten halbieren. Tomaten blanchieren, häuten, Stielansatz und Samen entfernen und das Fruchtfleisch würfeln.

4. Das Öl im Wok erhitzen und Kurkuma, Kreuz-kümmel, Kardamom und Zimtrinde darin braten, bis sie zu duften beginnen. Ingwer, Knoblauch, Frühlingszwiebeln und Chilistreifen 1 Minute mit-braten. Stangensellerie, Zuckerschoten und das gewürfelte Kürbisfleisch zugeben und 2 Minuten mitbraten. Dann Tomaten und Reis zugeben, sal-zen, pfeffern, die gehackten Gewürzstrauchblätter darüberstreuen und alles gut vermengen.

5. Die Mischung in die Kürbisse füllen und die Deckel aufsetzen. Beide Kürbisse mit Küchen-garn gut verschnüren, damit der Deckel nicht verrutscht. Den Wok zu 1/3 mit Wasser füllen, einen Dämpfkorb hineinstellen, die Kürbis-se einsetzen und den Korb verschließen. Das Wasser aufkochen lassen, die Hitze reduzieren und die Kürbisse 1 1/2 Stunden garen. Wenn nötig, noch etwas Wasser nachgießen.

Chefkoch Tony Khoo
kennt sich besonders gut
aus mit Kürbissen. Hier gart
er sie nach chinesischer Art
im Bambuskorb, der auf
einen mit Wasser gefüllten
Wok gesetzt wird.

Die quadratischen Frühlingsrollenblätter mit der Spitze nach vorn auf eine Arbeitsfläche legen und in die Mitte 2 EL Füllung geben. Die hintere Ecke zuerst über die Füllung klappen und die Ränder mit Eiweiß bepinseln. Die linke und die rechte Ecke darüberschlagen. Die noch offenen Ränder sowie die vordere Ecke mit Eiweiß bepinseln und die Taschen in der Art eines Briefumschlags verschließen.

Tofu-Taschen

KNUSPRIG AUSGEBACKEN UND BEGLEITET VON EINER WOHLGEWÜRZTEN ERDNUSSAUCE.

Die zu den Riedgrasgewächsen zählende Wasserkastanie hat in ganz Ostasien, vor allem aber in der chinesischen Küche, eine große kulinarische Bedeutung. Sie gehört botanisch zwar einer anderen Gattung an als die Eßkastanie, doch schmeckt sie ganz ähnlich. Kultiviert werden die süßlichen, an den Wurzeln der Pflanze wachsenden Knollen mit ihrem festen Fruchtfleisch in stehenden Gewässern und müssen in mühsamer Handarbeit geerntet werden. Da es Wasserkastanien hierzulande ganz selten frisch zu kaufen gibt, kann in diesem Fall auch auf Konserven zurückgegriffen werden: in dem Fall genügen 100 g.

Für die Füllung:
30 g getrocknete Shiitake-Pilze, 3 Knoblauchzehen
80 g Frühlingszwiebeln, 150 g Möhren, 100 g Lauch
200 g Wasserkastanien, 3 EL Pflanzenöl
100 g Sojasprossen, Salz, frisch gemahlener Pfeffer
3 EL vegetarische Austernsauce
4 EL helle Sojasauce, 350 g Tofu, 1 Ei
Für die Erdnußsauce:
1 rote Chilischote, 100 g geröstete Erdnußkerne
10 g frische Ingwerwurzel oder 1/4 TL Ingwerpulver
2 EL Pflanzenöl, 1/4 l Kokosmilch
Saft von 1/2 Limette, 4 EL helle Sojasauce
1/2 TL Palmzucker, ersatzweise brauner Zucker
Salz, frisch gemahlener schwarzer Pfeffer nach Bedarf
Außerdem:
12 Frühlingsrollenblätter (25 x 25 cm)
1 Eiweiß, Pflanzenöl zum Ausbacken

Die getrockneten Shiitake-Pilze 20 Minuten in heißem Wasser einweichen. Herausnehmen, das Wasser gut ausdrücken, die harten Stiele entfernen und die Hüte in Streifen schneiden. Knoblauch schälen und fein hacken, die Frühlingszwiebeln putzen und in dünne Ringe schneiden.

Die gut gewaschenen Wasserkastanien ähnlich wie einen Apfel mit einem scharfen Messer schälen. Gelbliche, schlaffe Knollen aussortieren. Bei den übrigen den zähen Stielansatz entfernen. Die geschälten Wasserkastanien kleinschneiden.

Die Möhren schälen, den Lauch putzen und beides in feine Streifen schneiden. Die Wasserkastanien vorbereiten, wie gezeigt. Das Öl im Wok erhitzen, den Knoblauch und die Frühlingszwiebeln darin anschwitzen. Möhren, Pilze und Lauch zugeben und 1 Minute mitbraten. Die Wasserkastanien zufügen und 2 Minuten pfannenrühren. Sojasprossen untermischen und mit Salz, Pfeffer und den Saucen würzen. Die Mischung in eine Schüssel umfüllen und erkalten lassen. Inzwischen den Tofu sehr klein würfeln. Tofu und das verquirlte Ei unter die Gemüsemasse rühren, gut vermischen und abschmecken. Für die Erdnußsauce die Chilischote halbieren, Samen und Schei-

dewände entfernen und das Fruchtfleisch in feine Streifen schneiden. Die Erdnüsse in einem Mörser fein zerstoßen. Die Ingwerwurzel schälen und fein raspeln. In einem Topf das Öl erhitzen, Erdnüsse und Ingwer darin bei mittlerer Hitze unter ständigem Rühren 2 Minuten braten. Kokosmilch, Limettensaft, Sojasauce, Palmzucker und Chilistreifen zugeben. Die Sauce bei geringer Hitze unter ständigem Rühren etwa 5 Minuten köcheln lassen. Salzen und pfeffern nach Bedarf. Die Taschen füllen, wie links oben gezeigt. Die fertigen Päckchen im 180 ° heißen Fett in der Friteuse knusprig ausbacken. Die Erdnußsauce separat dazu reichen.

Frühlingsrollenblätter sind meist gefroren im Handel erhältlich. Nach dem Auftauen müssen sie in feuchte Tücher gewickelt werden, da die dünnen Teigblätter sonst austrocknen und brüchig werden.

Basmati-Reis, eine der edelsten Reissorten, büßt viel von seinem aromatischen Duft ein, wenn er zu stark poliert wird. Deshalb sollte man ihn möglichst ungeschält verwenden. Er braucht dann aber, wie alle Vollkornreissorten, länger bis er gar ist.

Gebratene Auberginen mit Tofu

ZUSÄTZLICH ANGEREICHERT MIT WEITEREN GEMÜSEN UND MIT DUFTENDEM BASMATI-VOLLKORNREIS SERVIERT.

Kleine, runde Auberginen, wie sie in Asien auf den Märkten überall zu finden sind, taugen, quer halbiert, am besten für das Braten im Wok. Es gibt sie in weiß, gelb, beige, violett oder gemasert, geschmacklich sind sie alle gleich. Da diese Früchte bei uns nur in Spezialläden für asiatische Lebensmittel erhältlich sind, kann man sich durchaus auch mit europäischen Sorten behelfen. Diese sollten dann in Scheiben geschnitten verwendet werden.

| 20 g getrocknete Mu-err-Pilze, 250 g Tofu |
| 2 EL helle Sojasauce, 1 EL vegetarische Austernsauce |
| 400 g kleine runde Auberginen |

Knackig bleibt das Gemüse durch das kurze Pfannenrühren und behält seinen Eigengeschmack. Zusätzliche Würze bringen die Soja- und vegetarische Austernsauce. Der Tofu paßt sich dank seines neutralen Geschmacks bestens den verschiedenen Aromen an.

In einer Käserei im Allgäu könnte man sich fast wähnen – wären da nicht die asiatisch aussehenden Herren. Tatsächlich wird hier nicht Kuh-, sondern Sojamilch verarbeitet und das Endprodukt heißt nicht Quark, sondern Tofu oder Bean Curd. Die Herstellungsmethode für den Sojabohnenquark unterscheidet sich nicht von der des »richtigen« Quarks.

| 150 g Zuckerschoten, 150 g rote Paprikaschoten |
| 50 g kleine rote Zwiebeln, 4 EL Erdnußöl |
| **Für die Würzsauce:** |
| 150 ml Gemüsefond, 2 EL vegetarische Austernsauce |
| 3 EL helle Sojasauce, 1 TL Speisestärke |
| Salz, frisch gemahlener Pfeffer |
| **Für den Reis:** |
| 250 g Basmati-Vollkornreis, Salz |
| **Außerdem:** |
| 1 EL Korianderblättchen zum Bestreuen |

1. Den Reis unter fließendem Wasser waschen. In einem Topf mit 600 ml Wasser zum Kochen bringen und salzen. Die Hitze reduzieren und auf kleiner Flamme in 40 Minuten ausquellen lassen.

2. Die getrockneten Pilze in einer Schüssel mit 1/8 l heißem Wasser übergießen und 30 Minuten quellen lassen. Herausnehmen, leicht ausdrücken und je nach Größe etwas zerkleinern.

3. Den Tofu in 1,5 cm große Würfel schneiden, in einer Schüssel mit Soja- und Austernsauce gut vermischen und 15 Minuten ziehen lassen. Herausnehmen und abtropfen lassen.

4. Auberginen vom Stielansatz befreien und quer halbieren. Zuckerschoten putzen. Paprikaschoten halbieren, Samen und Scheidewände entfernen und in 1 cm große Würfel schneiden. Die Zwiebeln schälen und fein hacken.

5. Das Öl im Wok erhitzen, die Tofuwürfel darin von allen Seiten goldgelb braten, herausnehmen und beiseite stellen. Die Zwiebeln im verbliebenen Öl anschwitzen, die Auberginenhälften zugeben und 3 Minuten pfannenrühren. Die Zuckerschoten, die Paprikawürfel und die Pilze weitere 4 Minuten mitbraten. Den Tofu untermischen.

6. Für die Würzsauce den Gemüsefond, die Austern- und die Sojasauce mit der Speisestärke verrühren. In den Wok gießen und einmal aufkochen lassen. Mit Salz und Pfeffer würzen. Die Gemüse-Tofu-Mischung auf Tellern anrichten, mit den Korianderblättchen bestreuen. Den Basmati-Reis separat dazu reichen.

Gemüse aus dem Wok mit Wachteleiern

IN DER KANTONESISCHEN KÜCHE KENNT MAN ZAHLREICHE INTERESSANTE GEMÜSEKOMBINATIONEN.

Pfannengerührtes Gemüse kommt in China täglich auf den Tisch. Im Süden des Landes, mit seinem für den Gemüseanbau geradezu idealen Klima, mischt man dafür die verschiedenen Sorten miteinander – hier sind es Kürbis, Möhren und Pilze –, die dann mit Knoblauch, Zwiebeln und Gewürzen im Wok schonend pfannengerührt werden. Dazu passen die gekochten Wachteleier ganz hervorragend, aber genauso gut eignen sich gekochte, in Achtel geschnittene Hühnereier.

Vegetarische Austernsauce und Ground bean sauce sind sehr intensive Würzsaucen auf der Basis von Sojabohnen. Erstere erhält durch Shiitake-Pilz-Konzentrat einen ganz eigenen Geschmack. Letztere ist angedickt mit Weizenmehl, weshalb sie die Speisen leicht bindet.

12 Wachteleier
2 Knoblauchzehen, 50 g Zwiebel
60 g Frühlingszwiebeln
300 g Hokkaido-Kürbis
150 g Möhren
80 g Shiitake-Pilze
100 g Champignons
200 g Tomaten, 3 EL Pflanzenöl
1 TL Tomatenmark
180 ml Gemüsefond
2 TL Ground bean sauce
2 EL vegetarische Austernsauce
Salz, frisch gemahlener Pfeffer
Korianderblättchen zum Garnieren

1. Die Wachteleier in einen Topf geben, mit heißem Wasser bedecken und 4 Minuten kochen. Herausnehmen und kalt abschrecken.

2. Knoblauch und Zwiebel schälen, den Knoblauch in Scheiben schneiden, die Zwiebel fein hacken. Die Frühlingszwiebeln putzen und in Ringe schneiden. Den Kürbis schälen, entkernen und das Fruchtfleisch zunächst in 3 mm dicke Scheiben, dann in Rauten von 1,5 cm Kantenlänge schneiden. Die Möhren schälen, in 4 cm lange und 1/2 cm breite Stifte schneiden. Die Stiele der Shiitake-Pilze entfernen und die Hüte halbieren. Die Champignons putzen und vierteln. Die Tomaten blanchieren, häuten, Stielansatz und Samen entfernen, das Fruchtfleisch in Würfel schneiden.

3. Im Wok 2 EL Öl erhitzen, Knoblauch, Zwiebel und Frühlingszwiebeln darin kurz anbraten. Kürbis und Möhren zugeben, 4 Minuten pfannenrühren und das Gemüse herausnehmen. Das restliche Öl in den Wok geben, die Pilze darin 2 Minuten pfannenrühren und herausnehmen. Die Tomaten im Wok kurz anschwitzen, das Tomatenmark einrühren, mit dem Gemüsefond auffüllen. Die Bean sauce und die vegetarische Austernsauce einrühren und 3 Minuten köcheln lassen.

4. Die Wachteleier längs halbieren und zusammen mit dem Gemüse und den Pilzen in die Sauce geben. Alles vorsichtig miteinander vermischen, mit Salz und Pfeffer würzen und nochmals kurz erhitzen. In Schälchen anrichten und mit Korianderblättchen garnieren.

Spargel und Pak-Choi

ZUM PFANNENGERÜHRTEN, KNACKIGEN GEMÜSE
PASST AM BESTEN KLEBREIS ALS BEILAGE.

Meisterhaft versteht man sich in China darauf, frisches Gemüse so zuzubereiten, daß sowohl die Konsistenz als auch die wertvollen Inhaltsstoffe erhalten bleiben. Die Methode ist denkbar einfach: Im Wok, der chinesischen Pfanne mit abgerundetem Boden, werden die Zutaten bei starker Hitze in wenig Fett pfannengerührt, das heißt unter ständigem Rühren in extrem kurzer Zeit gar gebraten.

Von Reiswein bis Chilischoten, von Sojasauce bis Frühlingszwiebeln: In den chinesischen Krämerläden bekommt man alle Zutaten für die einheimische Küche. Den Asienshops in unseren Breitengraden fehlt es zwar oft an der Atmosphäre, aber die Auswahl an Produkten ist auch hier enorm.

400 g Pak-Choi (Shanghai)
400 g dünner, grüner Spargel
10 g frische Ingwerwurzel
30 g thailändische rote Zwiebelchen oder Schalotten
1 Knoblauchzehe, 80 g Frühlingszwiebeln
2 kleine Chilischoten oder 1 TL Chilipulver
4 EL Pflanzenöl
1/2 TL Salz
frisch gemahlener Pfeffer
Für den Klebreis:
250 g Klebreis, 1/2 l Salzwasser

Pak-Choi oder Chinesischer Senfkohl wird allmählich auch bei uns vermehrt auf dem Markt angeboten. Zum Pfannenrühren gut geeignet ist die Sorte Shanghai, da ihre Stiele besonders fleischig und knusprig sind.

Für die Würzsauce:
100 ml Gemüsefond, 3 EL Reiswein
3 EL helle Sojasauce, 1 EL dunkle Sojasauce
Abgeriebenes und Saft von 1/2 Limette
1/2 TL Speisestärke, 1 TL gehacktes Koriandergrün
Außerdem:
Korianderblättchen zum Garnieren

1. Vom Pak-Choi die Wurzelenden abschneiden, das Gemüse waschen und quer in 1,5 cm breite Streifen schneiden. Vom Spargel die Enden abschneiden, nur wo nötig schälen und die Stangen in 5 cm lange Stücke teilen. Ingwer, Zwiebeln und

Knoblauch schälen und fein hacken. Die Frühlingszwiebeln putzen und in feine Ringe schneiden. Chilischoten vom Stielansatz befreien und in Ringe schneiden, dabei die Samen entfernen.

2. Für den Klebreis den Reis in einem Sieb abbrausen und abtropfen lassen. Mit dem Salzwasser in einen Topf zum Kochen bringen, die Hitze reduzieren und den Reis zugedeckt 10 Minuten garen. Wenn die Flüssigkeit völlig aufgesogen ist, den Topf vom Herd nehmen und den Reis im geschlossenen Topf weitere 10 Minuten quellen lassen.

3. Für die Würzsauce alle Zutaten in einer kleinen Schüssel gut miteinander vermischen.

4. Das Öl im Wok erhitzen, Ingwer, Zwiebeln und Knoblauch darin unter ständigem Rühren anschwitzen. Den Spargel 2 Minuten unter Rühren mitbraten. Den Pak-Choi, die Frühlingszwiebeln und die Chiliringe zufügen und weitere 3 Minuten pfannenrühren. Die Sauce zugeben und einmal aufkochen lassen. Salzen und pfeffern. Das Gemüse in Schälchen anrichten und mit den Korianderblättchen bestreuen. Den Klebreis separat dazu reichen.

Chillies, Ingwer, Galgant und Zitronengras bieten Chinas Straßenhändler täglich an. Frischeste Ware zu bekommen, ist dort kein Problem. Doch inzwischen werden auch wir im Westen mit einer großen Auswahl an asiatischen Kräutern und Gewürzen in guter Qualität beliefert.

Reisnudeln und Gemüse

IM WOK KNACKIG AUF DEN PUNKT GEGART: BESSER KANN VEGETARISCHE KÜCHE NICHT SEIN.

Das beweisen die unzähligen Beispiele aus den asiatischen Landesküchen. Bei diesem Rezept hier kommt es nun nicht unbedingt darauf an, wirklich auch alle der angegebenen Zutaten zu verwenden, Variationen sind in jede Richtung möglich. Entscheidend ist vielmehr das aktuelle Marktangebot. Bei der Zusammenstellung ist letztlich die eigene Phantasie gefragt. Nur auf Ausgewogenheit sollte man achten, denn gerade diese ist ein besonderes Merkmal der chinesischen Küche. Dafür kombiniert man Gemüsesorten von unterschiedlicher Struktur, also weiche Gemüse mit solchen, die besonders knackig sind.

140 g mittelbreite Reisnudeln, Salz
50 g thailändische rote Zwiebelchen oder Schalotten
1 Knoblauchzehe
10 g frischer Galgant oder Ingwer
1 Stengel Zitronengras (etwa 10 g)
2 kleine Chilischoten, 100 g Maiskölbchen
100 g Zuckerschoten
200 g kleine runde Auberginen
150 g rote Paprikaschoten, 100 g Shiitake-Pilze
4 EL Erdnußöl, frisch gemahlener Pfeffer
1 EL gehacktes Thai-Basilikum
Für die Würzsauce:
100 ml Gemüsefond, 2 EL Sojasauce
2 EL vegetarische Austernsauce, 1 EL Mirin
1/2 TL Speisestärke
Außerdem:
kleine Blättchen vom Thai-Basilikum zum Garnieren

Nudeln aus Reismehl werden meist in Form von Bandnudeln angeboten. Für dieses Gericht eignet sich eine mittlere Breite, die etwa derjenigen der italienischen Trenette entspricht. Wer gerade keine Reisnudeln zur Hand hat, kann sich übrigens auch mit unseren europäischen Bandnudeln behelfen.

1. Die Reisnudeln in sprudelndem Salzwasser knapp al dente kochen, abseihen, abschrecken und bis zur weiteren Verwendung beiseite stellen.

2. Die Zwiebelchen, den Knoblauch und den Galgant schälen und alles fein hacken. Das Zitronengras in feine Scheibchen schneiden. Die Chilischoten halbieren, Samen und Scheidewände entfernen und das Fruchtfleisch in dünne Streifen schneiden.

3. Die Maiskölbchen 2 Minuten blanchieren, abgießen, kalt abschrecken und quer halbieren. Die Zuckerschoten putzen und die Auberginen vom Stielansatz befreien und vierteln. Die Paprikaschoten halbieren, Samen und Scheidewände entfernen und das Fruchtfleisch in 1,5 cm große Rauten schneiden. Von den Shiitake-Pilzen die harten Stiele entfernen und die Hüte je nach Größe entweder halbieren oder vierteln.

4. Für die Sauce in einer kleinen Schüssel den Gemüsefond, die Sojasauce und die vegetarische Austernsauce, Mirin und Speisestärke gut miteinander verrühren.

5. Das Öl im Wok erhitzen und Zwiebeln, Knoblauch, Galgant, Zitronengrasscheibchen und Chilistreifen darin unter Rühren anschwitzen. Die Maiskölbchen, kurz darauf die Zuckerschoten, die Auberginenviertel, die Paprikarauten und die Shiitake-Pilze zugeben und alles unter ständigem Rühren in 5 bis 6 Minuten knackig braten. Die Würzsauce zugießen und einmal aufkochen lassen. Die gekochten Reisnudeln vorsichtig untermischen und kurz erwärmen. Mit Salz und Pfeffer würzen und das gehackte Basilikum einrühren. Reisnudeln und Gemüse auf Teller oder in Schälchen anrichten und mit einigen Blättchen Thai-Basilikum garnieren.

**Das gesunde, vitamin-
reiche Gemüse** ist
preiswert, einfach und
schnell zuzubereiten.
Deshalb hat es sich in
der chinesischen
Küche so eingebürgert,
und auf den Märkten ist
ein Angebot reich-
haltiger als das andere.

Choisum und Paprika mit Reisnudeln

PFANNENGERÜHRTES, WÜRZIG ABGESCHMECKTES
GEMÜSE, SERVIERT MIT GEBRATENEN NUDELN.

Choisum ist einer aus der Riege der Kohlsorten,
die in der chinesischen Küche eine so bedeuten-
de Rolle spielen. Beheimatet ist dieser tropische
Blattkohl, der häufig unter der englischen Bezeichnung Chinese flowering cabbage angeboten
wird, in Ost- und Südostasien. Zum Kochen verwendet man die ganze Pflanze oder gelegentlich
auch nur die Triebspitzen mit den eßbaren Blüten.

Für das Gemüse:
20 g Mu-Err-Pilze, 200 g rote Paprikaschoten
200 g grüne Paprikaschoten, 200 g Choisum
150 g Möhren, 1 Chilischote, fein gehackt
1 TL Sesamöl, 3 EL Pflanzenöl, 100 ml Gemüsefond
3 EL vegetarische Austernsauce
1 EL dunkle Sojasauce, Salz, frisch gemahlener Pfeffer
1/2 TL Speisestärke
Für die Reisnudeln:
200 g breite Reisnudeln, Salz, 3 EL Öl
1 EL dunkle Sojasauce
Außerdem:
vegetarische Shrimps zum Garnieren, Öl zum Fritieren

**Zu Gemüse und
Reisnudeln** passen
»vegetarian shrimps«
geschmacklich gut und sind
zudem äußerst dekorativ.
Sie kommen aus Japan,
bestehen aus Mehl und
weiteren Zutaten und finden
sich tiefgefroren in asiatischen Spezialläden, in
denen vegetarische
Produkte erhältlich sind.

Reisnudeln können je nach
Art und Stärke unterschiedlich
zubereitet werden: gekocht oder
gebraten. Die dünnen Reis-Vermicelli
passen zum Beispiel hervorragend in
die Suppe, während die breiteren
Bandnudeln sich gut mit Gemüse
kombinieren lassen.

1. Die Pilze in 1/8 l lauwarmem Wasser etwa 20 Minuten einweichen. Herausnehmen, gut ausdrücken, je nach Größe halbieren oder vierteln.

2. Die Paprikaschoten halbieren, Samen und Scheidewände entfernen und das Fruchtfleisch in Stücke von 1,5 cm schneiden. Den Choisum putzen, waschen und in Stücke schneiden. Die Möhren schälen, längs in 3 mm dicke Scheiben schneiden und aus den Scheiben Blütenformen von etwa 4 cm Durchmesser ausstechen; diese anschließend halbieren.

3. Die Reisnudeln in leicht gesalzenem, kochendem Wasser al dente garen. Abseihen, kalt abschrecken und abtropfen lassen. Das Öl in einem Wok erhitzen und die Nudeln darin 1 bis 2 Minuten braten. Die Sojasauce unterrühren. Die Nudeln mit einem Schaumlöffel aus dem Wok heben und beiseite stellen.

4. Das Öl für das Gemüse im Wok erhitzen und Paprika- und Chilischoten, Pilze und Möhren 3 bis 4 Minuten darin pfannenrühren. Choisum 1 Minute mitbraten. Das ganze Gemüse herausheben.

5. Den Fond, die Austern- und Sojasauce zugießen, salzen und pfeffern. Die Speisestärke mit wenig Wasser anrühren und die Sauce damit binden, dabei einmal aufkochen lassen. Gemüse und Nudeln zufügen. Die vegetarischen Shrimps 2 bis 3 Minuten in kochendem Wasser garen, leicht abkühlen lassen, im Wok fritieren. Mit Gemüse und Nudeln auf Teller anrichten.

Höchst exotisch, das Angebot japanischer Lebensmittelgeschäfte – wie die japanische Küche überhaupt, die für den europäischen Gaumen noch immer etwas gewöhnungsbedürftig ist. Inzwischen sind allerdings Seetang, Shiitake-Pilze oder Sojasauce auch bei uns keine Unbekannten mehr.

Eintopf mit Tofu und Gemüse

IMMER WIEDER ÜBERRASCHEND: JAPANISCHE KOCHKUNST MIT IHREN KLAREN, EINFACHEN KOMBINATIONEN.

Die japanische Küche kommt mit vergleichsweise wenigen Zutaten aus und auch was die Würzung anbelangt, ist sie sehr zurückhaltend. Ganz minimalistisch präsentiert sich die hier verwendete Dashi-Brühe, die einmal nicht mit getrockneten Fischflocken aromatisiert wird, sondern ihren Geschmack allein aus Kombu, dem getrockneten Seetang, Pilzen und Sojasauce bezieht.

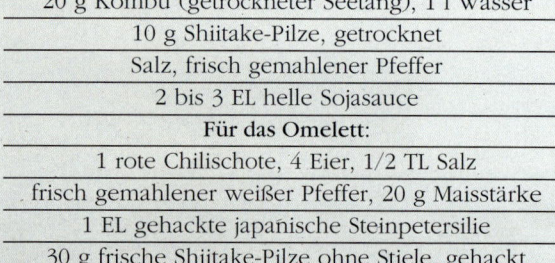

Für die Dashi-Brühe:
20 g Kombu (getrockneter Seetang), 1 l Wasser
10 g Shiitake-Pilze, getrocknet
Salz, frisch gemahlener Pfeffer
2 bis 3 EL helle Sojasauce
Für das Omelett:
1 rote Chilischote, 4 Eier, 1/2 TL Salz
frisch gemahlener weißer Pfeffer, 20 g Maisstärke
1 EL gehackte japanische Steinpetersilie
30 g frische Shiitake-Pilze ohne Stiele, gehackt
2 EL Pflanzenöl zum Ausbacken
Außerdem:
150 g Zuckerschoten, 200 g Weißkohl
300 g Tofu, 3 EL Pflanzenöl
einige Blättchen japanische Steinpetersilie

Die Dashi-Brühe zubereiten, wie in der nebenstehenden Bildfolge gezeigt. Für das Omelett die Chilischote halbieren, Samen und Scheidewände entfernen und das Fruchtfleisch fein hacken. Die Eier mit Salz, Pfeffer und der Maisstärke gut verquirlen, dann die Steinpetersilie sowie die Pilz- und Chiliwürfel unterrühren. In einer Pfanne nacheinander in wenig Öl 5 Omeletts ausbacken. Diese etwas abkühlen lassen, einmal zusammenklappen, von der kurzen Seite her fest aufrollen und in 4 cm breite Scheiben schneiden. Die Omelettscheiben auf Bambus- oder andere Holzspießchen stecken und bis zur weiteren Verwendung beiseite stellen. Die Zuckerschoten putzen. Den Weißkohl vierteln, Strunk entfernen und in feine Streifen schneiden. Die Brühe erhitzen und den Kohl darin bei niedriger Hitze 10 Minuten köcheln. Zuckerschoten zufügen, 3 bis 4 Minuten weiterköcheln. Den Tofu in 3 cm große Würfel schneiden. Das Öl erhitzen, Tofuwürfel darin rundum golbbraun braten und auch auf Spießchen stecken. Die Brühe abschmecken, in Suppenschalen füllen, Omelett- und Tofuspießchen hineinstellen und mit Petersilie garniert servieren.

Seetangblätter mit einem feuchten Tuch abreiben, in 1 l kaltes Wasser legen und bei geringer Hitze langsam zum Kochen bringen, das dauert 10 bis 15 Minuten.

Beim Aufsteigen der ersten Blasen mit dem Nagel prüfen, ob der Tang weich ist. Wenn nicht, noch 1 bis 2 Minuten ziehen lassen. Den Tang herausnehmen.

Die Flüssigkeit mit 80 ml Wasser abkühlen und die Shiitake-Pilze zugeben. Die Brühe erneut erhitzen. Sobald sie wieder kocht, die Hitze reduzieren.

Die Dashi-Brühe 10 Minuten ziehen lassen. Den Topf vom Herd nehmen und die Brühe durch ein Tuch seihen. Mit Salz, Pfeffer und der Sojasauce würzen.

Die Shiraz-Reben wurden im vorigen Jahrhundert von deutschen Siedlern auf dem australischen »Hill of Grace« – dem »Gnadenberg« – angebaut, weniger aus Glaubensgründen als aus Weinverstand: In der reichen Erde wuchs der Shiraz besonders gut. Noch heute tragen die zum Teil 130 Jahre alten Reben und liefern einen der großen Weine Australiens: den »Hill of Grace«. Für dieses Rezept muß es allerdings nicht unbedingt dieses Glanzstück sein.

Spaghetti mit Rotwein-Schalotten-Sauce

NUDELN SIND DIE IDEALE GRUNDLAGE FÜR EINE SOLCHE SAUCE. DURCH IHREN NEUTRALEN GESCHMACK KOMMT DAS WEINAROMA BESONDERS ZUR GELTUNG.

Spaghetti, ein traditionelles Essen par excellence, das sich inzwischen jeder Erdteil mit heimischen Produkten zu eigen gemacht hat. Hier verleiht die Shiraz-Sauce dem Gericht eine besondere Note. In »Down under« – dem trockensten Kontinent – sind die Freuden des Weins längst wieder entdeckt worden und haben dem Biermonopol ein Ende gesetzt. Auch die sogenannten »fortified wines«, die kräftig alkoholisierten und überwiegend süßen Sherry- und Portweine, die bis in die sechziger Jahre noch den Markt beherrschten, mußten vor den neuen Trinksitten und dem Weinwunder Australiens weichen. Die empfehlenswertesten Wineries befinden sich im südlichen Teil Australiens, zwischen Adelaide und Melbourne. Australische Spitzenweine, die Exoten von einst, haben sich neben den europäischen und kalifornischen heute wohl etabliert.

250 g Spaghetti
Für die Rotwein-Schalotten-Sauce:
100 g Schalotten
20 g Butter

1/4 l Shiraz (australischer Rotwein)
600 g Tomaten
Salz, frisch gemahlener weißer Pfeffer
Außerdem:
40 g Hartkäse aus Schafmilch
1 EL gehackte Petersilie

1. Die Schalotten schälen und fein hacken. Die Butter in einer Kasserolle zerlassen und die Schalotten darin glasig anschwitzen. Mit dem Rotwein ablöschen und im offenen Topf auf etwa 50 ml einkochen lassen.

2. Die Tomaten blanchieren, häuten, Samen und Stielansatz entfernen und das Fruchtfleisch in 5 mm große Stücke schneiden. In die Kasserolle zu den Rotwein-Schalotten geben und bei geringer Hitze 3 bis 4 Minuten köcheln lassen. Mit Salz und Pfeffer würzen.

3. Die Spaghetti in sprudelnd kochendem Salzwasser al dente kochen. Abgießen und gut abtropfen lassen.

4. Die Spaghetti mit der Rotwein-Schalotten-Sauce auf Teller anrichten. Den Käse darüberhobeln, mit der Petersilie bestreuen und servieren.

Risotto mit Erbsen und Spargel

ITALIENISCH INSPIRIERTE GERICHTE ERFREUEN SICH IN AMERIKA GROSSER BELIEBTHEIT.

Multikulturell wie das ganze Land ist die amerikanische Küche. So ist bei diesem Rezept der italienische Einfluß unverkennbar. Ganz amerikanisch hingegen die für das Risotto verwendeten Gemüse: Erbsen und grüner Spargel. Und auch der Wein kommt von dort. Ein trockener Chardonnay aus dem kalifornischen Sonoma Valley – die dort angebauten Weißweine sind leichter und fruchtiger als die schweren, fast burgunderartigen aus dem Napa Valley – eignet sich hervorragend für den Risotto und paßt ebenso gut als Getränk zu dem Gericht.

250 g grüner Spargel, Salz
1/2 l Spargelsud
etwa 1/2 l Gemüsebrühe
300 g Erbsenschoten (ausgepalt etwa 150 g)
50 g Schalotten, 40 g Butter
300 g Arborio-Reis
150 ml trockener Weißwein (Chardonnay)
Salz, frisch gemahlener weißer Pfeffer
1 EL gehackte Petersilie
60 g frisch geriebener Hartkäse
50 g Butterflöckchen

Frisch geriebener Käse und ein Stück Butter runden den Geschmack des Risottos ab. Ein amerikanischer Reibkäse, etwa ein gut gereifter Monterey Jack, wäre ideal, aber auch ein Parmigiano Reggiano paßt bestens.

1. Vom Spargel die Stielenden abschneiden, falls notwendig, das untere Drittel schälen und die Stangen in 3 bis 4 cm lange Stücke schneiden. In einem Topf leicht gesalzenes Wasser zum Kochen bringen, die Spargelstücke einlegen – die Stangen sollten gerade nur mit Wasser bedeckt sein – und bei mittlerer Hitze in 10 bis 12 Minuten fertiggaren. Mit einem Schaumlöffel herausheben. 1/2 l Spargelsud abmessen und mit der Gemüsebrühe vermischen. Die Erbsen auspalen und 3 Minuten in kochendem Salzwasser blanchieren. Abgießen und kalt abschrecken.

2. Die Schalotten schälen und fein hacken. Die Butter in einem Topf zerlassen und die Schalottenwürfel darin anschwitzen. Den Reis zugeben und unter Rühren glasig werden lassen. Mit dem Wein ablöschen und die Flüssigkeit im offenen Topf fast vollständig einkochen lassen. Die Hälfte der Gemüse-Spargel-Brühe zugießen und den Reis bei mittlerer Hitze unter wiederholtem Rühren kochen, bis die Flüssigkeit fast verdampft ist. Die restliche Brühe zugeben und unter erneutem Rühren weiterköcheln lassen, bis alle Flüssigkeit aufgesogen und der Reis gar ist. Der Risotto sollte weder zu trocken noch zu flüssig sein. Bei Bedarf noch etwas Gemüsebrühe angießen. Mit Salz und Pfeffer würzen.

3. Die Spargelstücke, die blanchierten Erbsen und die gehackte Petersilie unter den Risotto rühren und nochmals kurz erwärmen. Mit dem Käse bestreuen, die Butterflöckchen darüber verteilen und den Topf schließen. Nach einigen Minuten sind der Käse und die Butter zerlaufen. Den Risotto nochmals vorsichtig umrühren und sofort servieren.

Eintopf von grünen Bohnen

TYPISCH AMERIKANISCH: MIT KARTOFFELN UND GLASIERTEM GEMÜSE – SERVIERT MIT CROÛTONS AUS ROGGENBROT.

Schon bei den Indianern ein Grundnahrungsmittel, waren Bohnen eine wichtige Lebensgrundlage der ersten Pioniere. Und auch heute noch sind sie auf dem gesamten Kontinent beliebt und zwar in sämtlichen Variationen.

Für das Gemüse:
700 g grüne Bohnen, 300 g festkochende Kartoffeln
Salz, 200 g Herbstrüben, 100 g Möhren
100 g Schalotten, 4 EL Sonnenblumenöl, 15 g Zucker
frisch gemahlener weißer Pfeffer
Für die Sauce:
25 g Butter, 30 g Mehl, 400 ml Milch
2 Lorbeerblätter, 2 Zweige Bohnenkraut
Salz, frisch gemahlener weißer Pfeffer
frisch geriebene Muskatnuß
Außerdem:
4 EL Pflanzenöl, 1 Knoblauchzehe, fein gehackt
150 g Roggenbrot, ohne Rinde, in kleinen Würfeln
1 TL gehacktes Bohnenkraut

1. Die Bohnen putzen, waschen und je nach Größe halbieren oder dritteln. Kartoffeln schälen und in 1,5 cm große Würfel schneiden. In einem Topf leicht gesalzenes Wasser zum Kochen bringen und die Kartoffelwürfel darin garen. Nach 5 Minuten die Bohnen zufügen und weitere 8 Minuten kochen. Abgießen, dabei 1/2 l Kochsud auffangen und die Bohnen und Kartoffeln bis zur weiteren Verwendung beiseite stellen.

2. Rüben und Möhren schälen und in 1 cm große Würfel schneiden. Schalotten schälen und vierteln. Das Öl in einem Topf erhitzen und den Zucker darin leicht anbräunen. Schalotten sowie Rüben und Möhren zufügen und unter ständigem Rühren leicht Farbe nehmen lassen. Mit Salz und Pfeffer würzen und das Gemüse herausnehmen.

3. Für die Sauce in demselben Topf die Butter zerlassen und das Mehl darin unter Rühren farblos anschwitzen. Milch und aufgefangenen Gemüsesud zugießen. Gut durchrühren, damit keine Klümpchen entstehen. Lorbeerblätter und Bohnenkrautzweige einlegen. Mit Salz, Pfeffer und Muskat würzen und bei reduzierter Hitze 10 Minuten köcheln. Das glasierte Gemüse zufügen und weitere 10 Minuten garen, dann die Kartoffeln und Bohnen zugeben und nochmals 10 Minuten köcheln lassen. Abschmecken.

4. Das Öl erhitzen, Knoblauch und Brotwürfel darin goldgelb braten und mit dem Bohnenkraut über den Eintopf streuen. Sofort servieren.

Würziges Bohnenkraut unterstreicht mit seinem pfeffrigen Aroma den Geschmack der frischen Bohnen. Auch mit dem restlichen Gemüse harmoniert es gut. Bohnenkraut läßt sich übrigens nicht nur frisch, sondern auch getrocknet gut verwenden, weil es beim Trocknen seinen typischen Geschmack nicht verliert.

Grüne Mungobohnen
(und nicht etwa
Sojabohnen) sind das
Ausgangsprodukt der
auch bei uns so be-
liebten Sojasprossen.
Die Mungobohnen
keimen sehr unpro-
blematisch, weshalb es
ratsam ist, die Spros-
sen frisch zu ziehen.
Das geht sehr gut im
Einmachglas, wer
allerdings auf den
»Sprossengeschmack«
gekommen ist, sollte
die Anschaffung eines
speziellen Keimgeräts
in Betracht ziehen.

Sprossenpuffer

VOLLWERTKOST AUF HOHEM GESCHMACKSNIVEAU: FRUCHTIGES
PAPRIKAGEMÜSE ERGÄNZT DIE KUCHLEIN AUFS BESTE.

Aus gekeimten Mungobohnen lassen sich mit entsprechenden Gewürzen im Handumdrehen sehr
wohlschmeckende Puffer backen. Vorher müssen
sie allerdings einige Tage keimen, ehe die Sprossen verzehrfertig sind. Statt des Paprikagemüses
eignet sich als Beilage auch ein frischer, mit einer
Kräuter-Vinaigrette angemachter Blattsalat.

60 g grüne Mungobohnen (ergibt 190 g Sprossen)
120 g weiße Zwiebeln, 1 kleine rote Chilischote
100 g Weizenvollkornmehl, 4 Eier
Salz, frisch gemahlener Pfeffer, 2 EL gehackte Kräuter
Für das Paprikagemüse:
je 150 g gelbe, rote und grüne Paprikaschoten
60 g weiße Zwiebel, 1 Knoblauchzehe
2 EL Pflanzenöl, 1/4 l Gemüsefond
1 TL Thymianblättchen, 20 g kalte Butterwürfel
Salz, frisch gemahlener weißer Pfeffer
Außerdem:
Pflanzenöl zum Ausbacken
Kapuzinerkresseblüten zum Garnieren

1. Die Mungobohnen in einem Einmachglas mit
lauwarmem Wasser bedecken, mit einem Mulltuch zubinden und einige Stunden stehen lassen.
Durch das Tuch abgießen. Das Mulltuch entfernen und die Bohnen mehrmals gut durchspülen,
mit frischem Wassser bedecken, wieder zubinden
und nochmals 10 Minuten stehen lassen. Erneut
durch das Tuch abgießen. Kopfüber schräg stellen, damit sie gut abtropfen können, denn zum

Keimen brauchen die Bohnen zwar ausreichend
Feuchtigkeit, im Wasser liegend ersticken und
verschimmeln sie jedoch. In 3 bis 5 Tagen sind die
Sprossen fertig. Dabei zweimal täglich wässern,
das heißt, abspülen, kurz im Wasser stehen und
erneut gut abtropfen lassen.

2. Chilischote von Samen und Scheidewänden
befreien, die Zwiebeln schälen und beides fein
hacken. Die gekeimten Sprossen in einem Sieb
gründlich abspülen, die grünen Häutchen entfernen und gut abtropfen lassen. Das Mehl in einer
Schüssel mit den Eiern zu einem glatten Teig verrühren. Zwiebel- und Chiliwürfel, Bohnenspros-
sen, Salz, Pfeffer und Kräuter (Basilikum, Petersilie und Thymian) zugeben und alles gut vermischen. Den Teig 15 Minuten kühl ruhen lassen.

3. Für das Paprikagemüse die Schoten bei 220 °C
im vorgeheizten Ofen backen, bis die Haut »Blasen wirft«, herausnehmen und in einer Plastiktüte
»schwitzen« lassen. Die Haut von oben nach unten
abziehen, die Schoten längs halbieren, Samen
und Scheidewände entfernen und das Fruchtfleisch in 5 mm große Würfel schneiden. Zwiebel
und Knoblauchzehe schälen und fein hacken.

4. In einem Topf das Öl erhitzen, Zwiebel und
Knoblauch darin glasig anschwitzen, die Paprikawürfel kurz mitschwitzen. Den Gemüsefond zugießen, die Hitze reduzieren und 15 Minuten
köcheln lassen. Den Thymian einstreuen. Nach
und nach die kalten Butterwürfel einrühren und
das Gemüse so leicht binden. Salzen und pfeffern.

5. Aus dem Teig 12 Küchlein formen und in
heißem Öl von beiden Seiten je etwa
3 Minuten goldgelb ausbacken. Die
Puffer mit dem Paprikagemüse anrichten, mit den Kresseblüten garnieren und sofort servieren, da die
Küchlein schnell ihre knusprige
Konsistenz verlieren.

Hafersoufflé

SERVIERT MIT EINEM FRISCHEN SALAT, ERGIBT DAS LUFTIGE VOLLKORNSOUFFLÉ EIN EXQUISITES VEGETARISCHES HAUPTGERICHT.

Die Probleme bei der Zubereitung eines solchen vollwertigen Soufflés sind die gleichen wie bei allen anderen. Es erfordert Sorgfalt bei der Zubereitung, damit es schön locker aufgeht und muß nach Fertigstellung sofort serviert werden, weil es keine lange Standfestigkeit hat. Frisch gequetschte Haferflocken sind in jedem Fall den fertig gekauften vorzuziehen, da diese durch Lagerung nicht nur viel von ihren Nährstoffen, sondern auch an Geschmack verlieren.

50 g Haferkörner, 30 g Schalotten
60 g Butter
40 g Hafermehl
1/4 l Milch, 1/2 TL Salz
frisch gemahlener Pfeffer
1 Prise frisch geriebene Muskatnuß
1/2 TL gemahlener Koriander
4 EL Sahne, 1 Ei
1 EL gehackte Petersilie, 1/2 EL gehackter Oregano
1 EL gehackte Salbeiblätter
4 Eigelbe
100 g frisch geriebener Colby oder Chester
4 Eiweiße
Außerdem:
zerlassene, fast kalte Butter
Hafermehl für die Form

Geschmacksbestimmend ist bei diesem Soufflé neben den Kräutern der Käse. Kräftig im Aroma sollte er sein – amerikanischer Colby oder Chester kann ohne weiteres durch englischen Cheddar oder auch einen Allgäuer Bergkäse ersetzt werden.

1. Die Haferkörner zweimal durch den Steinflocker walzen. Die Schalotten schälen und fein hacken.

2. Die Butter in einer Kasserolle zerlassen und die Schalotten und Haferflocken kurz darin anbraten. Das Hafermehl zufügen und bei schwacher Hitze unter kräftigem Rühren 2 bis 3 Minuten anschwitzen. Die Milch nach und nach angießen

und glattrühren. Salz, Pfeffer, Muskatnuß und Koriander zufügen und einmal aufkochen lassen. Die Hitze reduzieren und 10 Minuten köcheln lassen. Mit dem Schneebesen wiederholt am Topfboden entlangfahren, um ein Ansetzen der Masse zu verhindern. Die Sahne und das Ei zugeben und einmal kräftig durchrühren.

3. Den Topf vom Herd nehmen, die Kräuter und nacheinander die Eigelbe unterrühren. Erst wenn ein Eigelb ganz untergemischt ist, das nächste zufügen. Den geriebenen Käse zugeben. Die Masse in eine Rührschüssel umfüllen und etwas abkühlen lassen.

4. Die Eiweiße zu steifem Schnee schlagen und mit einem Spatel unter die noch lauwarme Käsemasse heben. Eine Souffléform (von 1,2 l Inhalt) mit zerlassener Butter ausfetten, mit Hafermehl ausstreuen, das überschüssige Mehl wieder ausschütten. Die Soufflémasse in die Form füllen. Sie sollte nur zu 2/3 voll sein, da das Soufflé beim Backen stark aufgeht. Das Hafersoufflé bei 180 °C im vorgeheizten Ofen etwa 40 bis 45 Minuten backen. Sofort servieren.

Gemüsegratin mit Brotkruste

GETROCKNETE WEISSE BOHNEN, KOMBINIERT
MIT VIEL FRISCHEM GEMÜSE.

In Amerika liebt man einfache, unkomplizierte
Gerichte wie dieses gratinierte Gemüse. Zwar
muß Verschiedenes vorbereitet werden, doch hält
sich der Zeitaufwand in Grenzen. Auch läßt sich
das Gratin gut im voraus bereiten, es muß zum
Überbacken dann nur noch 15 Minuten in den
Ofen gestellt werden.

Für die Bohnen:
250 g weiße Bohnen (Cannellini)
Salz, 1 Lorbeerblatt, 3 Zweige Thymian
Für das Gemüse:
100 g Zwiebeln, 2 Knoblauchzehen
500 g Steckrüben, 350 g Kürbis, 300 g Wirsing
2 EL Olivenöl, 1/4 l Gemüsefond
Salz, frisch gemahlener Pfeffer, 300 g Tomaten
Außerdem:
25 g Semmelbrösel, 3 EL Olivenöl, Salz

1. Getrocknete Bohnen über Nacht in kaltem
Wasser einweichen, abgießen und gut abspülen.

Die Brotkruste gibt
der Gemüsemischung
noch das gewisse Etwas.
Käseliebhaber mischen die
Semmelbrösel mit etwas
frisch geriebenem Parmi-
giano Reggiano oder
einem anderen Hartkäse.
Vom Geschmack her paßt
auch die Käsekruste
hervorragend zum
frischen
Gemüse.

Die Bohnenkerne
und das Gemüse – mit
Ausnahme der Tomaten –
müssen vorgekocht
werden, ehe sie zum
Überbacken in den
Ofen kommen.

Die Bohnen in einem Topf mit 1 l Salzwasser, dem Lorbeerblatt und den Thymianzweigen zum Kochen bringen. Die Hitze reduzieren und die Bohnen in etwa 1 Stunde weich köcheln.

2. Zwiebeln und Knoblauch schälen. Die Zwiebeln in Ringe schneiden und den Knoblauch fein hacken. Die Steckrüben schälen. Von dem Kürbis mit einem Eßlöffel die Kerne und das faserige Innere entfernen, die Schale mit einem scharfen Messer ablösen. Steckrüben und Kürbis erst in etwa 4 mm dicke Scheiben, dann in Stifte schneiden. Vom Wirsing die äußeren Blätter entfernen. Innere Blätter abtrennen, die dicken Rippen herausschneiden, in 5 mm breite Streifen schneiden.

3. Das Öl in einem Topf erhitzen, Zwiebeln und Knoblauch darin hell anschwitzen. Das Gemüse zugeben, den Fond aufgießen und 15 Minuten köcheln lassen. Mit Salz und Pfeffer würzen. Inzwischen die Tomaten blanchieren, häuten, vierteln, Stielansatz und Samen entfernen und die Viertel quer halbieren.

4. Von den Bohnen das Kochwasser abgießen, Lorbeerblatt und Thymianzweige entfernen. Die Bohnen und die Tomatenstücke unter das Gemüse mischen. Alles in eine Auflaufform füllen. Semmelbrösel mit Öl und Salz vermengen und gleichmäßig über der Gemüsemischung verteilen. Bei 200 °C im vorgeheizten Ofen 15 Minuten backen.

Sweetcorn-Gemüse-Topf

IM HERBST, WENN DER ZUCKERMAIS FRISCH GEERNTET WIRD, IST
DIE RICHTIGE ZEIT FUR DIESES AMERIKANISCHE EINTOPFGERICHT.

Die weiteren Zutaten, insbesondere die Gemüsesorten, sind mehr Empfehlung denn zwingende
Vorschrift. Gibt es etwa keinen Romanesco, wie
der gelbgrüne, vitaminreiche Blumenkohl genannt wird, kann ebensogut weißer verwendet
werden. Bei der Zusammenstellung eines solchen
Eintopfgerichtes hält man sich in jedem Fall besser an das Marktangebot. Und hier ist Frische
oberstes Gebot, soll das Gemüse das Optimum an
Geschmack und Vitaminen mitbringen.

250 g Kidneybohnen, getrocknet
2 Maiskolben (je etwa 250 g)
600 g Romanesco
200 g Knollensellerie
600 g Bataten
100 g Frühlingszwiebeln
1 Peperoni
2 EL Pflanzenöl
600 ml Gemüsefond
Salz, frisch gemahlener Pfeffer

**Frisch geriebener
Meerrettich** – oder horse
radish, wie er in den USA
genannt wird – gibt
diesem Eintopf seine
besondere Note. In
Amerika ist Meerrettich
sehr beliebt, doch sollte
man beim Würzen eher
vorsichtig zu Werke
gehen, denn der scharfe,
durchdringende Ge-
schmack ist nicht unbe-
dingt jedermanns Sache.

etwas Cayennepfeffer
1 EL gehackte Petersilie
2 bis 3 EL frisch geriebener Meerrettich
1/2 EL Speisestärke in 1 EL Wasser angerührt

1. Die Bohnen über Nacht in kaltem Wasser einweichen, abgießen und gut durchspülen. In einem Topf mit 1 l Salzwasser zum Kochen bringen,
die Hitze reduzieren und weich köcheln lassen.

2. Vom Mais die Hüllblätter und Fäden entfernen
und die Kolben in Salzwasser 35 Minuten kochen.
Herausnehmen, etwas abkühlen lassen und den
Mais quer in 1 cm breite Scheiben schneiden. Den
Romanesco vom Strunk befreien, in Röschen tei-
len und sorgfältig waschen.

3. Knollensellerie und Bataten schälen, den Sellerie in 1 cm, die Bataten in 1,5 cm große Würfel
schneiden. Frühlingszwiebeln putzen und in 3 cm
lange Stücke schneiden. Die Peperoni halbieren,
Samen und Scheidewände entfernen und das
Fruchtfleisch in feine Streifen schneiden.

4. In einem entsprechend großen Topf das Öl
erhitzen und die Sellerie- und Batatenwürfel kurz
darin anschwitzen. Den Gemüsefond zugießen,
mit Salz, Pfeffer und Cayennepfeffer würzen und
10 Minuten zugedeckt köcheln lassen. Maisschei-
ben und Romanesco zugeben und weitere 8 Minuten köcheln. Dann die Frühlingszwiebeln,
Peperoni und Kidneybohnen zugeben und alles
noch 3 Minuten weiterköcheln.

5. Die gehackte Petersilie und den geriebenen
Meerrettich einstreuen und abschmecken. Die mit
Wasser angerührte Speisestärke einrühren und
einmal kurz aufwallen lassen. Das fertige Gemüse
auf vorgewärmte Teller anrichten und mit einem
knusprigen Stück Brot servieren.

Corn-Pasta mit Gemüsesugo

ROQUEFORT UND SAHNE BESTIMMEN DEN GESCHMACK DIESER UNGEWÖHNLICHEN PASTAVARIANTE.

Eine Reminiszens an die Gründerjahre der USA sind die Nudeln mit dem hohen Maismehlanteil von 50%. Der Teig erhält dadurch viel eigenen Charakter: Er läßt sich, dank seiner rustikalen Konsistenz, besonders leicht verarbeiten und ist angenehm voll im Biß.

Für den Mais-Nudelteig:
150 g Maismehl, 150 g Weizenmehl (Type 405)
3 Eier, 3 Eigelbe
1 EL Olivenöl, 1/2 TL Salz
Für die Sauce:
80 g Schalotten, 1 Knoblauchzehe
50 g Möhre, 50 g Lauch
200 g Erbsenschoten (ausgepalt etwa 80 g)
1 Maiskolben (etwa 230 g)
200 g grüner Spargel, 100 g Roquefort
150 ml Sahne, 150 ml Gemüsefond
20 g Butter
1 EL gehackte Kräuter
Salz, frisch gemahlener Pfeffer

Den Mais-Nudelteig zubereiten, wie in der Bildfolge gezeigt. Aus dem Teig eine Kugel formen, in Folie wickeln und 1 Stunde ruhen lassen. Mit der Nudelmaschine zur gewünschten Stärke ausrollen

Beide Mehlsorten mischen, auf eine Arbeitsplatte sieben und in die Mitte eine Mulde drücken. Eier, Eigelbe, Öl und Salz hineingeben.

Zunächst mit einer Gabel die Zutaten in der Mulde verrühren und dabei immer mehr Mehl vom Rand miteinrühren.

Mit den Händen von außen nach innen das Mehl einarbeiten und schließlich mit dem Handballen zu einem glatten Teig kneten.

Zweimal Mais macht das Charakteristische dieses ebenso einfachen wie schmackhaften Nudelgerichts aus: in Form von Mehl im Teig und als Körner im Gemüsesugo.

und mit dem Lasagnette-Vorsatz in etwa 2 cm breite Streifen schneiden. Auf einen Tuch ausbreiten und trocknen lassen. Die Schalotten und die Knoblauchzehe schälen und fein hacken. Möhre und Lauch putzen und in kleine Würfel schneiden. Die Erbsen auspalen. Hüllblätter und Fäden vom Maiskolben entfernen, die Körner mit einem scharfen Messer vom Kolben trennen. Den Spargel waschen und das untere Ende abschneiden. Nur das untere Drittel der Stangen dünn schälen und den Spargel in 3 cm lange Stücke schneiden. Die Maiskörner in sprudelnd kochendem Salzwasser weichkochen. Nach 10 Minuten die Spargelstücke und nach weiteren 5 Minuten die Erbsen zufügen und alles noch 3 Minuten kochen. Abgießen und eiskalt abschrecken. Den Roquefort würfeln. Die Sahne mit dem Gemüsefond aufkochen und den Käse darin unter Rühren schmelzen. In einer separaten Pfanne die Butter zerlassen und darin Schalotten- und Knoblauchwürfel anschwitzen. Lauch- und Möhrenwürfel 5 Minuten mitschwitzen. Die Sahne-Käse-Sauce zugießen, das gekochte Gemüse zugeben und weitere 3 Minuten köcheln. Die Kräuter (Thymian, Basilikum, Oregano, Petersilie) einstreuen, salzen und pfeffern. Die Nudeln in sprudelnd kochendem Salzwasser al dente kochen und abgießen. Mit der Sauce auf Teller anrichten und servieren.

▲ **Der »Radicchio di Treviso«** ist mit seiner länglichen Form und den ausgeprägten weißen Mittelrippen leicht zu erkennen. Er eignet sich gut für dieses Gericht, da seine leicht bittere Note hervorragend zum feinen Geschmack der Linsen paßt. Eine Variation dieses Gerichts wäre, Spinat statt Radicchio zu verwenden.

Linsen mit Radicchio

FARBLICH FEIN ABGESTIMMT: VOM HELLEN ORANGE DER LINSEN BIS ZUM DUNKELROTEN RADICCHIO REICHT DIE PALETTE DER ROTTÖNE.

Linsen als Nahrungsmittel sind seit langem bekannt. Schon vor etwa 10.000 Jahren haben sie die alten Ägypter angebaut. Die hier verwendeten roten Linsen sind geschält und brauchen deshalb nicht eingeweicht zu werden. Ihre Garzeit ist sehr kurz, da sie schnell zerfallen. Begleitet werden die Linsen von einer Sahnesauce, die mit einem Löffel Himbeeressig aromatisiert ist.

Für die Sauce:
50 g Zwiebel, 20 g Butter
20 g Grünkernschrot
200 ml Gemüsefond
1/4 l Sahne, 1 TL Himbeeressig
Salz, frisch gemahlener weißer Pfeffer
Für das Linsengemüse:
200 g geschälte rote Linsen, Salz
80 g Zwiebeln
1 Knoblauchzehe
1 kleine rote Chilischote
500 g Tomaten
300 g Radicchio di Treviso
2 EL Olivenöl
frisch gemahlener weißer Pfeffer
2 EL gehackte Kräuter (Petersilie, Zitronenthymian)

1. Für die Sauce die Zwiebel schälen und fein hacken. In einer Kasserolle die Butter zerlassen und die Zwiebel darin glasig anschwitzen. Grünkernschrot einrühren und kurz mitschwitzen. Den Gemüsefond und die Sahne zugießen. Einmal aufkochen lassen, dabei kräftig durchrühren. Die Hitze reduzieren und die Sauce etwa 20 Minuten köcheln lassen, bis sie eine cremige Konsistenz erreicht. Mit Essig, Salz und Pfeffer würzen und die Sauce mit dem Mixstab pürieren.

2. Die Linsen in ein Sieb schütten, mit kaltem Wasser abbrausen und abtropfen lassen. In einem Topf 1/2 l gesalzenes Wasser zum Kochen bringen, Linsen zuschütten, die Hitze reduzieren und die Linsen 15 Minuten köcheln lassen. Abgießen und abtropfen lassen.

3. Für das Linsengemüse Zwiebeln und Knoblauch schälen und sehr fein hacken. Die Chilischote vom Stielansatz befreien und in Ringe schneiden, dabei die Samen entfernen. Die Tomaten blanchieren, häuten und vierteln, Stielansatz und Samen entfernen und die Viertel quer halbieren. Den Radicchio putzen und in etwa 2 cm breite Streifen schneiden.

4. In einer Pfanne das Öl erhitzen und die Zwiebel- und Knoblauchwürfel sowie die Chiliringe darin kurz anschwitzen. Radicchiostreifen und Tomaten zufügen und 2 Minuten mitdünsten. Mit Salz und Pfeffer würzen. Die gut abgetropften Linsen vorsichtig untermischen. Die gehackten Kräuter einstreuen, mit der Sauce auf Teller anrichten und servieren.

Ob Esau dem Jakob sein Erstgeburtsrecht auch für dieses Linsengericht verkauft hätte, ist nicht sicher. Fest steht aber, daß diese Komposition aus einfachsten Zutaten optisch wie geschmacklich gleichermaßen überzeugt.

Kürbisgemüse mit würzigem Reis

DAS GEMÜSE IST SEHR AMERIKANISCH, DIE GEWÜRZE SIND EHER OSTASIATISCH INSPIRIERT.

Einst brachten die Eroberer Amerikas aus den Tropen Pflanzen mit, unter denen sich auch der Garten- oder Gemeine Kürbis befand. Früher eine Armeleutefrucht, die bei den feinen Leuten nur wenig Anklang fand, hat der Kürbis heute hingegen eine hohe Bedeutung gewonnen. Vor allem boomt der biologische »Knabberkern«, nicht zuletzt des kostbaren Öls wegen, das aus ihm gewonnen wird.

Für den Reis:
5 g frische Ingwerwurzel
1 Chilischote
300 g Langkornreis
750 ml Wasser, Salz

Ein tolles Herbstgemüse, das geschmacklich und farblich vortrefflich zu Reis paßt. Die Würzung des Reises rundet das Gericht ab. Mehr braucht es nicht, um ein feines Essen auf den Tisch zu zaubern.

Kürbisse erfreuen nicht nur den Gaumen in feinen Gerichten, sondern vor allem auch gleichermaßen Kinder und Erwachsene zu Halloween. Sie lassen sich hervorragend aushöhlen und zu witzigen Kürbisgesichtern oder Lampions formen: so sind sie Teil des Festes in jeder Hinsicht.

Foto: Oliver Brachat

Für das Kürbisgemüse:
1 kg Speisekürbis
100 g Frühlingszwiebeln
80 g Zwiebeln
10 g frische Ingwerwurzel
2 Chilischoten, 3 EL Pflanzenöl
1/2 TL Kardamomsamen, 3 Nelken
1 schwach gehäufter TL gemahlener Kreuzkümmel
1 schwach gehäufter TL gemahlener Koriander
Salz, 300 ml Wasser
Außerdem:
1 EL Petersilie oder Koriandergrün, gehackt

1. Für den Reis den Ingwer schälen. Die Chilischote halbieren, Samen und Scheidewände entfernen. Den Reis mit dem Wasser, Salz, Ingwer und der Chilischote in einen Topf geben und aufkochen lassen. Die Hitze reduzieren und in 15 bis 20 Minuten fertiggaren.

2. Den Kürbis schälen, die Kerne entfernen und das Fruchtfleisch in etwa 2 cm große Würfel schneiden. Die Frühlingszwiebeln putzen und in 3 cm lange Stücke schneiden. Die Zwiebeln und den Ingwer schälen und fein würfeln. Die Chilischoten halbieren, Samen und Scheidewände entfernen und das Fruchtfleisch fein hacken.

3. Das Öl in einem Topf erhitzen und Zwiebeln, Ingwer- und Chiliwürfel darin hell anschwitzen.

Kardamomsamen und Nelken in den Topf geben und braten, bis die Gewürze zu duften beginnen. Den Kürbis zufügen, Kreuzkümmel und Koriander untermischen und salzen. Das Wasser zugießen und 10 bis 12 Minuten köcheln lassen. Die Frühlingszwiebeln zum Kürbis geben und weitere 3 Minuten köcheln, abschmecken. Den Reis – Chilischote und Ingwer entfernen – entweder unter das Kürbisgemüse mischen oder separat dazu reichen. Mit Petersilie oder Koriandergrün bestreut servieren.

Zuerst die Kartoffel-Mischung einfüllen, dann den Brokkoli darauf verteilen. Mit den gebackenen Knoblauchzehen belegen und die Tomatensauce löffelweise darübergießen. Mit dem Käse bestreuen und bei 190 °C im vorgeheizten Ofen 15 bis 20 Minuten überbacken.

Brokkoli-Kartoffel-Gratin

EIN DEFTIGES OFENGERICHT AUS DER NEUEN WELT – GEWÜRZT MIT VIEL FRISCHEM THYMIAN UND GEBACKENEM KNOBLAUCH.

Leicht mit violettem Blumenkohl zu verwechseln ist dieser Brokkoli, dessen Farbe je nach Sorte rötlich- bis dunkelviolett variiert. Beim Garen verliert er seine interessante Färbung jedoch fast gänzlich und verfärbt sich in ganz gewöhnliches Grün.

Für die Tomatensauce:
700 g Tomaten, 80 g Zwiebeln, 30 g Möhren
30 g Lauch, 2 EL Pflanzenöl
1 Thymianzweig
Salz, frisch gemahlener Pfeffer
1 EL gehackte Kräuter
Für das Brokkoli-Kartoffel-Gemüse:
700 g violetter Brokkoli, 600 g Kartoffeln
100 g Zwiebeln, 150 g Petersilienwurzeln
2 EL Pflanzenöl, Salz, frisch gemahlener Pfeffer
1 EL gehackter Thymian

Außerdem:
1 EL Pflanzenöl für die Form, 8 Knoblauchzehen
1 Thymianzweig, 30 g frisch geriebener Monterey Jack

1. Die Tomaten waschen, Stielansätze entfernen und das Fruchtfleisch in kleine Stücke schneiden. Zwiebeln und Möhren schälen, den Lauch putzen und alles fein würfeln.

2. Das Öl in einem Topf erhitzen und die Zwiebeln darin glasig schwitzen. Tomaten-, Möhren- und Lauchwürfel zugeben, den Thymianzweig einlegen und mit Salz und Pfeffer würzen. Zugedeckt bei niedriger Temperatur etwa 40 Minuten köcheln lassen. Die Mischung durch ein Sieb passieren, die Kräuter (Thymian, Petersilie und Basilikum) einstreuen und abschmecken.

3. Den Brokkoli in Röschen teilen, waschen und gut abtropfen lassen. Die groben Stiele wegwerfen, dünnere Stiele schälen und in 2 cm lange Stücke schneiden. Diese in sprudelnd kochendem Salzwasser 2 Minuten garen, dann die Röschen zugeben und weitere 5 Minuten kochen. Herausheben, kalt abschrecken, gut abtropfen lassen und den Brokkoli bis zur weiteren Verwendung beiseite stellen.

4. Die Kartoffeln schälen und in etwa 1 cm große Würfel schneiden. Zwiebeln und Petersilienwurzeln schälen, die Zwiebeln fein hacken, die Petersilienwurzeln längs vierteln, dann in Scheiben schneiden. In einer Pfanne das Öl erhitzen und die Kartoffelwürfel darin 10 Minuten braten. Zwiebeln und Petersilienwurzelstücke zugeben und alles weitere 5 Minuten braten. Salzen, pfeffern und den gehackten Thymian einstreuen.

5. Das Öl in eine Auflaufform geben und die ungeschälten Knoblauchzehen sowie den Thymianzweig einlegen und bei 190 °C im vorgeheizten Ofen 15 Minuten backen. Die Form aus dem Ofen nehmen und den Thymianzweig entfernen. Die Knoblauchzehen etwas auskühlen lassen und schälen. Das Gratin zubereiten, wie in der Bildfolge oben links gezeigt. Aus dem Ofen nehmen, auf vorgewärmte Teller anrichten und servieren.

Richtig reif
sollten die Avocados
für die Guacamole
sein. Es empfiehlt sich
daher, die Früchte
ein bis zwei Tage vor
dem Verzehr in Zei-
tungspapier einzu-
wickeln und bei
Zimmertemperatur
ausreifen zu lassen.

Artischocken in der Teigkruste

MIT GUACAMOLE, EINEM SCHARFWÜRZIGEN DIP AUS TOMATEN UND AVOCADOS.

Ein typisches Rezept der neuen kalifornischen Küche. Ihr Merkmal: frischeste Produkte – phantasievoll zubereitet. Das Gericht ist ganz eindeutig inspiriert vom südlichen Nachbarn, ist doch die Guacamole ein fester Bestandteil der mexikanischen Küche. Sie sollte immer erst unmittelbar vor dem Verzehr zubereitet werden, denn das Fruchtfleisch der Avocado verfärbt sich an der Luft schnell bräunlich.

8 Artischocken mit Stiel (je etwa 160 g)
Saft von 1 Zitrone, Salz
Für den Ausbackteig:
1/4 Lampion-Chili, ohne Samen
200 g Mehl
1/8 l Weißwein
100 ml Milch
2 Eier, Salz
Für die Guacamole:
120 g Tomaten
50 g weiße Zwiebel
1/2 Lampion-Chili, ohne Samen
2 Avocados
Salz, Saft von 1/2 Limette
frisch gemahlener Pfeffer nach Bedarf
3 EL Pflanzenöl
1 EL gehacktes Koriandergrün
Außerdem:
Öl zum Fritieren
Korianderblättchen zum Garnieren

Längliche Artischocken
mittlerer Größe eignen
sich für dieses Gericht
am besten. Man sollte
stets nur Exemplare mit
Stiel kaufen, die dann
erst kurz vor dem
Kochen entfernt
werden. Nur so blei-
ben die Artischocken-
böden unversehrt.

1. Von den Artischocken den Stiel direkt unterhalb des Blütenansatzes abschneiden und den Boden sofort mit etwas Zitronensaft bestreichen. Die kleinen, harten Blätter rund um den Stielansatz abzupfen und von den äußeren Blättern die stacheligen Spitzen mit einer Küchenschere abschneiden. Die Spitze der Artischocke mit einem scharfen Messer gerade abtrennen.

2. In einem großen Topf Salzwasser mit dem restlichen Zitronensaft zum Kochen bringen, die Artischocken einlegen und 15 Minuten garen. Aus dem Wasser heben und kopfüber gut abtropfen lassen. Die Artischocken längs halbieren und das »Heu« mit einem Kugelausstecher entfernen.

3. Für den Ausbackteig den 1/4 Lampion-Chili fein hacken. Das Mehl in eine Schüssel sieben und mit dem Weißwein und der Milch gut ver-

rühren. Die Eier, Salz und Chiliwürfel mit dem Schneebesen unterrühren. Den Teig etwa 20 Minuten quellen lassen.

4. Für die Guacamole die Tomaten blanchieren, häuten, Stielansatz und Samen entfernen und das Fruchtfleisch in feine Würfel schneiden. Die Zwiebel schälen und fein hacken. Den halben Lampion-Chili fein würfeln. Die Avocados längs halbieren und die Kerne entfernen. Das Fruchtfleisch mit einem Löffel auslösen und mit einer Gabel nicht zu fein zerdrücken.

5. Tomaten, Zwiebel, Chili und Avocados sorgfältig miteinander vermischen. Mit Salz, Limettensaft und nach Belieben mit Pfeffer würzen. Das Öl und das Koriandergrün unterrühren.

6. In einem Topf oder in der Friteuse das Öl zum Fritieren auf 180 °C erhitzen. Die Artischockenhälften einzeln in den Backteig tauchen, etwas ablaufen lassen und im heißen Fett goldbraun fritieren.

7. Die Artischocken aus dem Fett heben und auf Küchenpapier abtropfen lassen. Auf Teller mit der Guacamole anrichten, mit Korianderblättchen garnieren und sofort servieren.

Salsa verde

DIE SCHARFE SAUCE AUS GRÜNEN TOMATEN UND CHILLIES WIRD HIER IN FRISCH GEBACKENE TORTILLAS GEFÜLLT.

Ohne Tortillas wäre die mexikanische Küche undenkbar. Kaum ein Essen, zu dem die vielseitigen Fladen nicht gereicht werden. Meist sind sie aus Maismehl, im Norden Mexikos werden sie jedoch aus Weizenmehl zubereitet. Auf den Märkten gibt es Tortillas auch fertig zu kaufen

In Mexiko verwendet man für die Salsa verde, eine der köstlichen scharfen Saucen, die zu vielen Gerichten, aber auch einfach so zu Tortillas gegessen werden, die kleinen, grasgrünen Tomatillos. Diese sind allerdings nur schwer zu bekommen, können aber, wie hier, durch grüne, unreife Tomaten ersetzt werden. Doch ob Tomatillo oder grüne Tomate – beide müssen vor dem Verzehr erst mal gekocht werden.

Für den Tortilla-Teig:
400 g Weizenmehl, 1 TL Salz
60 g zerlassene Butter, 150 ml lauwarmes Wasser
Für die Salsa verde:
500 g grüne Tomaten, 4 Knoblauchzehen
60 g weiße Zwiebel, 2 getrocknete Chile serrano
1 getrockneter Chile pasilla, 1/2 l Wasser
1 EL grobgehacktes Koriandergrün, 1/4 TL Salz
Außerdem:
2 EL Pflanzenöl, 80 g weiße Zwiebeln, gehackt
250 g mexikanischer Frischkäse (oder Ricotta)
Salz nach Belieben, Koriandergrün zum Garnieren

1. In einer Schüssel Mehl, Salz und flüssige Butter vermischen. Zwischen den Händen zerreiben, Wasser zugießen und zu einem glatten, geschmeidigen Teig kneten. In Folie gewickelt 1/2 Stunde ruhen lassen. Den Teig in 16 Stücke teilen und diese auf einer bemehlten Arbeitsfläche zu dünnen Fladen von etwa 16 cm Durchmesser ausrollen. Ohne Fett in einer erhitzten Pfanne auf jeder Seite 1 bis 2 Minuten backen und warmhalten.

2. Die Tomaten waschen, Stielansatz entfernen und vierteln. Knoblauch und Zwiebel schälen. Die Zwiebel fein hacken. Chillies unter fließendem Wasser sorgfältig waschen, die Stiele unterhalb ihres Ansatzes abschneiden und die Samen entfernen. Das Wasser zum Kochen bringen und die Tomatenviertel, 2 Knoblauchzehen, die Zwiebel und die Chillies darin 20 Minuten bei geringer Hitze köcheln. Abgießen, dabei die Kochflüssigkeit auffangen und abtropfen lassen.

3. Die restlichen Knoblauchzehen mit dem Koriandergrün in einem Mörser zerreiben und salzen. Die Tomaten-Chili-Mischung zugeben, alles fein zerreiben. Wird die Salsa zu trocken – sie sollte noch dickflüssig sein – etwas Kochflüssigkeit zugeben. Abschmecken.

4. Das Öl erhitzen und die gehackten Zwiebeln darin hell anschwitzen. Die Salsa zugeben und bei reduzierter Hitze 10 Minuten köcheln lassen. Vom Herd nehmen, etwas abkühlen lassen, den Käse untermischen, erneut abschmecken.

5. Je einen der gebackenen Fladen auf einen Teller legen, etwas Salsa darauf verteilen. Mit einem weiteren Fladen bedecken und mit Koriandergrün bestreut servieren.

Crêpe, gefüllt mit buntem Gemüse

DAZU ALS FARBLICHER UND GESCHMACKLICHER KONTRAST
EINE SAUCE AUS SCHWARZEN BOHNEN.

Gemüse einmal anders – nicht als Eintopf oder Gratin, sondern in hauchdünnen Pfannkuchen auf den Tisch gebracht.

Für die Bohnensauce:
100 g schwarze Bohnen, 1 EL Pflanzenöl
50 g Schalotten, gehackt, 1/2 l Gemüsefond
50 ml Rotwein, 2 EL helle Sojasauce
Salz, frisch gemahlener schwarzer Pfeffer
1 schwach gehäufter TL Speisestärke
Für die Crêpes:
90 ml Milch, 30 ml Wasser, 50 g Mehl
Salz, 1 Ei, 1 Eigelb, 10 g zerlassene Butter
Butter zum Ausbacken
Für das Gemüse:
150 g rote Paprikaschoten, 150 g Mangold
100 g gelbe Zucchini, 100 g grüne Zucchini
50 g weiße Zwiebel, 1 Chilischote
3 EL Pflanzenöl
Salz, frisch gemahlener Pfeffer
100 ml Gemüsefond
1 TL gehackter mexikanischer Oregano
Außerdem:
1 EL geröstete Sesamsamen
Blättchen vom mexikanischen Oregano

1. Die Bohnen in einer Schüssel mit kaltem Wasser bedecken und über Nacht einweichen. Das Einweichwasser anschließend abgießen und die Bohnen gut abtropfen lassen.

2. Das Öl in einem Topf erhitzen und die Schalottenwürfel darin glasig anschwitzen. Die Bohnen zufügen. Gemüsefond und Rotwein zugießen, aufkochen und bei reduzierter Hitze etwa 50 Minuten kochen lassen. Mit der Sojasauce, Salz und Pfeffer würzen. Die Speisestärke mit wenig Wasser anrühren und die Sauce damit binden.

3. Für die Crêpes Milch und Wasser vermischen. Das Mehl in eine Schüssel sieben und die Milch mit einem Schneebesen unterrühren. Salz, Ei und Eigelb zufügen. Zum Schluß mit der flüssigen Butter zu einem glatten Teig rühren. Zugedeckt 1 Stunde ruhen lassen. Den Teig vor dem Backen nochmals durchrühren.

4. Für das Gemüse die Paprikaschoten halbieren, Samen und Scheidewände entfernen und das Fruchtfleisch in 1 cm große Würfel schneiden. Den Mangold waschen, die Blätter in etwa 1 cm breite Streifen schneiden, die Stiele in 4 cm lange und 5 mm breite Stifte schneiden. Von den Zucchini Stiel- und Blütenansatz entfernen, die Früchte längs halbieren und in Scheiben schneiden. Die Zwiebel schälen und in feine Ringe schneiden. Die Chilischote halbieren, Samen und Scheidewände entfernen und das Fruchtfleisch fein hacken.

5. Das Öl in einer Pfanne erhitzen und die Zwiebelringe darin glasig anschwitzen. Paprikawürfel und Mangoldstiele 4 Minuten mitdünsten. Chiliwürfel und Zucchinischeiben unterrühren, den Gemüsefond zugießen und weitere 2 Minuten dünsten. Die Mangoldblätter in die Pfanne zufügen, salzen, pfeffern und den Oregano einstreuen. Erneut 3 Minuten dünsten.

6. Etwas Butter in einer Pfanne von 18 cm Durchmesser erhitzen. Die Pfanne leicht schräg halten, etwas Teig hineingießen und durch eine leichte Drehbewegung gleichmäßig und hauchdünn in der Pfanne verteilen. Mit einer Palette wenden und fertigbacken. Auf diese Weise drei weitere Crêpes backen.

7. Die Crêpes einzeln zu Tüten formen, auf Teller legen und mit dem Gemüse füllen. Mit den Sesamsamen bestreuen und mit der Bohnensauce und den Oreganoblättchen anrichten.

Risotto von Quinoa mit Rote Bete

EIN VEGETARISCHES GERICHT AUS DEN ANDENHOCHLÄNDERN SÜDAMERIKAS.

Dort sind die Samen der hier wenig bekannten Quinoapflanze ein wichtiges Nahrungsmittel, weil das einjährige, anspruchslose Kraut bis hinauf in große Höhen gedeiht. Zwar ist der Anbau seit der Einführung von Gerste zurückgegangen, doch gewinnt die Quinoa unter den Anhängern der vegetarischen Küche wieder mehr und mehr an Beliebtheit.

Für das Rote-Bete-Gemüse:
700 g Rote Bete
60 g Frühlingszwiebeln
40 g Butter, 1 gehäufter TL Mehl
300 ml Gemüsefond, 50 ml Sahne
Salz, frisch gemahlener Pfeffer
Für den Quinoa-Risotto:
50 g weiße Zwiebel
70 g Stangensellerie, 30 g Lauch

Nach der Risotto-Methode gekocht, schmecken die kleinen Samen der Reismelde ausgezeichnet. Sie passen sehr gut zum samtigen, farblich reizvollen Rote-Bete-Gemüse.

30 g Petersilienwurzel, 2 EL Öl
200 g Quinoasamen, 800 ml Gemüsefond
Salz, frisch gemahlener Pfeffer
1 EL gehackte Petersilie

1. Die Roten Beten unter fließendem kalten Wasser sauberbürsten. Die Blätter 2 bis 3 cm über den Knollen abschneiden, damit der Saft nicht ausläuft. In sprudelnd kochendem Salzwasser 1 Stunde kochen.

2. Nach dem Ende der Garzeit mit einem Holzstäbchen prüfen, ob die Roten Beten weich sind. Herausnehmen, kalt abschrecken und etwas abkühlen lassen, Blattansatz und Wurzelende abschneiden und die Haut abziehen. Die gekochten Roten Beten mit dem Buntmesser in 1 cm dicke Scheiben und diese wiederum in etwa 1,5 cm breite Stifte schneiden. Bis zur weiteren Verwendung beiseite stellen.

3. Für den Quinoa-Risotto die Zwiebel schälen und fein hacken. Stangensellerie und Lauch putzen und waschen. Die Petersilienwurzel schälen und alles in kleine Würfel schneiden.

4. Das Öl in einem Topf erhitzen und die Gemüsewürfel 2 bis 5 Minuten darin anschwitzen.

Die Quinoasamen zugeben und kurz mitbraten. Mit dem Gemüsefond aufgießen, salzen und pfeffern. Einmal aufkochen lassen, die Hitze reduzieren und die Quinoasamen im geschlossenen Topf 30 Minuten ausquellen lassen, dabei mehrmals umrühren. Die gehackte Petersilie einstreuen und abschmecken.

5. Für das Rote-Bete-Gemüse die Frühlingszwiebeln putzen und in dünne Ringe schneiden. Die Butter in einem Topf zerlassen und die Zwiebeln darin hell anschwitzen. Das Mehl einstreuen und hell angehen lassen. Gemüsefond zugießen und unter Rühren 10 Minuten kochen. Anschließend die Sahne, Salz und Pfeffer einrühren und die Rote-Bete-Stifte untermischen. Das Gemüse mit dem Quinoa-Risotto anrichten und servieren.

Ragout von Pilzen mit Polentawürfeln

MIT EINER CREMIGEN SAUCE AUS WEISSWEIN, TROCKENEM WERMUT UND REICHLICH RAHM.

Mais spielt als Grundnahrungsmittel auf dem südamerikanischen Kontinent von alters her eine wichtige Rolle. Eher international dagegen ist die Zubereitung in Form von Polenta, die in knusprig gebratenen Würfeln serviert wird.

Für die Polentawürfel:
625 ml Gemüsefond
40 g Butter, 1/2 TL Salz
180 g Maisgrieß (mittlere Körnung)
1 EL Pflanzenöl und 40 g Butter zum Braten
Für die Sauce:
50 g Schalotten, 20 g Butter
100 ml Weißwein
50 ml trockener Wermut (Noilly Prat)
200 ml Sahne
150 ml Crème fraîche
Salz, frisch gemahlener weißer Pfeffer
Für das Pilzragout:
300 g Champignons
300 g Shiitake-Pilze
50 g Schalotten
1 EL Pflanzenöl
30 g Butter
Salz, frisch gemahlener weißer Pfeffer
1 EL gehackte Petersilie

1. Für die Polenta den Gemüsefond mit der Butter und dem Salz in einem Topf zum Kochen bringen. Den Maisgrieß unter kräftigem Rühren in dünnem Strahl in den Fond rieseln lassen, dabei darauf achten, daß die Flüssigkeit ständig siedet, damit sich keine Klumpen bilden. Die Polenta immer im Uhrzeigersinn weiterrühren, bis sich der Brei vom Topfrand löst. Das dauert etwa 20 Minuten. Den fertigen Maisbrei auf einem nassen Brett mit einer Palette zu einer 1 cm dicken Platte verstreichen und abkühlen lassen. Dann in etwa 2,5 cm große Quadrate schneiden.

2. Für die Sauce die Schalotten schälen und fein hacken. Die Butter in einem Topf zerlassen und die Schalotten darin glasig anschwitzen. Mit Weißwein und Wermut ablöschen und auf 50 ml einkochen lassen. Sahne und Crème fraîche einrühren und bei niedriger Hitze reduzieren, bis die Sauce eine cremige Konsistenz hat. Salzen und pfeffern. Durch ein feines Sieb gießen und beiseite stellen.

3. Für das Pilzragout die Champignons putzen und je nach Größe halbieren oder vierteln. Den unteren Teil des Stiels der Shiitake-Pilze abschneiden und die Pilze halbieren. Die Schalotten schälen und fein hacken. Öl und Butter in einer Pfanne erhitzen und die Schalotten darin glasig anschwitzen. Die Pilze zugeben und unter ständigem Rühren 5 Minuten braten. Mit Salz und Pfeffer würzen, die gehackte Petersilie einstreuen.

4. In einer zweiten Pfanne Öl und Butter für die Polentawürfel erhitzen und diese darin von beiden Seiten goldgelb braten. Die Sauce kurz erwärmen und mit dem Stabmixer aufmixen. Die Pilze mit den Polentawürfeln und der Sauce anrichten.

GERÄTE UND HILFSMITTEL

Bei der Zubereitung
vegetarischer Gerichte
kommt man in der Re-
gel mit der Standard-
ausrüstung einer
Küche aus. Doch gibt
es einige Spezialgeräte
und Hilfsmittel, die die
Arbeit erleichtern oder
eine ganz spezielle
Garmethode ermög-
lichen. Welche davon
zum Einsatz kommen,
bleibt natürlich jedem
selbst überlassen.

1 Steinflocker

2 Aufsatz zum Getrei-
demahlen für die
Küchenmaschine

3 Mixaufsatz für die
Küchenmaschine

4 Wok mit Dämpfkorb
aus Holz und Bast

5 Schaumlöffel der
asiatischen Küche,
besonders geeignet
zum Entnehmen
aus dem Wok

6 Nudelmaschine

7 Aufsatz zum
Schneiden von
Nudelteig, hier für
Lasagnette

8 Mandoline zum
Gemüseraspeln

9 Schneekessel

10 Schaufel für den
Wok

11 Gemüseraspeln

12 Gemüsehobel mit
verschiedenen
Aufsätzen

13 Auflaufformen

14 Terrinenform

15 Schneidebrett mit
Wiegemesser

16 Zitronenpresse

17 Siebe in ver-
schiedenen Größen

18 Kartoffelpresse

19 Teigrädchen

20 Kugelausstecher

21 Sparschäler

22 Spargelschäler

23 Knoblauchpresse

24 Trüffelhobel

25 Holzkochlöffel

26 Schneebesen

27 Pürierstab

Register

Warenkundliche sowie verarbeitungstechnische Informationen sind kursiv geschrieben. Alle anderen Stichwörter beziehen sich auf die Rezepte.

REGISTER

Impressum

WIR DANKEN

allen, die durch ihre Beratung, Hilfe und tatkräftige Unterstützung zum Gelingen
dieses Buches beigetragen haben:
Al Baraka Restaurant, Herrn Direktor Rachid Sabir, Marrakesch, Marokko; Antica Riseria Ferron,
Herrn Gabriele Ferron, Isola della Scala, Italien; Culinary Studios Pte. Ltd., Herrn Yim Chee Peng,
Singapur; Ferme des Embêts, Herrn Schmidt und Frau Ager, Lapoutroie, Frankreich; Firma Slogan
immagine e comunicazione, Herrn Edoardo Ferrarini, Bologna, Italien; Fromagerie Vacherin du
Mont d'Or, Herren Droutet und Barbier, Frasne, Frankreich; Mas de Nans, Herrn Griotto, Arles,
Frankreich; Imperial Hotel, Herrn James Koh, Singapur; Imperial Hotel, Herrn Abdul Salam, Singapur;
Konrad Hilton Hotel, Herrn Tony Khoo, Singapur; Herrn Georg Schütterle Jun., Untereschach.

BILDNACHWEIS

S. 48/1 Foto: Lennard, Dänisches Fremdenverkehrsamt, Hamburg
S. 198/1 Foto: Oliver Brachat, Füssen

Copyright	Genehmigte Lizenzausgabe für Verlagsgruppe Weltbild GmbH, Steinerne Furt, 86167 Augsburg Copyright der Originalausgabe © 1997 by Gräfe und Unzer GmbH, München Teubner Edition ist ein Unternehmen des Verlagshauses Gräfe und Unzer, Ganske Verlagsgruppe.
Produkt- und Bildbeschaffung	Pascale Veldboer, Angelika Mayr
Kochstudio	Barbara Mayr (Rezeptentwicklung) Walburga Streif, Oliver Brachat, Helena Brügmann
Fotografie und Assistenz	Christian Teubner, Odette Teubner, Oliver Brachat, Julia Christl, Bettina Gousset, Kerstin Mosny, Christoph Tumler
Redaktion	Veronika Storath, Pascale Veldboer, Katrin Wittmann, Birgit Kahle
Layout/DTP	Christian Teubner, Gabriele Wahl, Dietmar Pachlhofer
Druck	Firmengruppe APPL, aprinta druck, Wemding
Jahr	2011 2010 2009

ISBN 978-3-8289-1359-2

Einkaufen im Internet   www.weltbild.de